東京の歴史は世界に広がる

本書『東京グローバル散歩　身近なところから世界を感じる東京歩き』は、東京の史跡や文化財をめぐり、日本史と世界史のつながりを発見しようというコンセプトで作った案内書です。今まで気付かなかった、地域の史跡や文化財の背景にある世界の動きを知ることで、グローバルな視野が持てる本です。私たちの身近にある史跡や文化財が日本の歴史とつながることは、誰もが知っています。しかし、もう少し掘り下げてみると、「地域の歴史から世界の歴史が見えてくる」のです。

本書は、時代順にテーマを設定してその内容を解説し、その次にテーマにまつわる東京の史跡を1つずつ紹介する構成になっています。日本と世界の交流をテーマにしたもの、日本のなかで「世界史」に触れることができるテーマなど、いろいろ興味深いテーマを用意しました。また、場所を示す地図を巻末にまとめましたので、テーマに沿っての散歩や、地域を限定してさまざまなテーマの史跡を訪ねることも可能です。

「グローバルに歴史を見る眼」が注目される中、文部科学省は新しい高等学校学習指導要領において、日本史と世界史を融合した新しい歴史科目を設定します。このように、歴史の捉え方も、これからは日本史や世界史の垣根を越えた新しい発想が求められるのです。同様に、地域の歴史を国際社会の視点の中で考えると、歴史の広がりや奥深さが見えてきます。

是非とも、本書を手に取り、時空を超えた地球規模の散歩に出かけてみませんか。「東京の歴史は世界に広がる!!」ことを街歩きと共に肌で感じ、あなたもグローバルに歴史が語れる散歩人になりましょう!

二〇一六年七月

著者代表

凡例

各テーマ導入文のなかの番号❶・❷は、紹介する各史跡の番号を示す。

🚉 史跡への行き方

㊫ 問い合わせ先

MAP 巻末の史跡地図の参照頁

01

東京に残る渡来人の足跡

古代日本には、中国大陸や朝鮮半島から新しい知識・技術を携えて多くの渡来人がやってきていた。政治や文化、そして社会に大きな影響を与えた彼らの足跡を東京でたどってみよう。

『古事記』や『日本書紀』によれば、5世紀に『論語』などを伝えた王仁《わに》1、渡来人系の有力豪族 東 漢氏《やまとのあやうじ》や檜前氏《ひのくま》などの祖とされる阿知使主《あちのおみ》2、養蚕や機織りの技術をもたらした弓月君《ゆづきのきみ》らが百済《くだら》から渡来したとされる。発掘調査などから、乗馬や機織り、鉄器生産や土木などの技術は、この頃日本に伝えられたことがわかる。ヤマト政権は、彼らに居住地を与え、「部《べ》」と呼ばれる職能別の集団に組織して、その知識や技術を活用したのである。

5世紀後半から6世紀初め頃には、新たな技術のほかに、渡来人たちが信仰していた仏教が538（または552）年の「公伝《こうでん》」に先んじてもたらされた。また、支配者層には儒教や、少し遅れて医・易・暦なども伝えられた。古墳の埋葬施設の構造も、従来の竪穴式石室から朝鮮半島の墳墓と共通する横穴式石室3 4に変わっていき、6世紀になるとそれが全国的な広がりをみせるようになる。

7世紀後半、朝鮮半島では唐・新羅《しらぎ》連合軍の攻撃を受け、百済、ついで高句麗が滅ぼされる。こうした情勢を背景に、日本には多くの亡命渡来人がやってきた。この頃にはヤマト政権に仕える渡来人系氏族出身の官人も多かった。日本橋の三井記念美術館では、そうした官人の1人 船 王後《ふねのおうご》の墓誌5をみることができる。また、なかには支配者の命を受けて東国に移住し、荒野の開拓にあたった渡来人集団もあった。

現在の狛江《こまえ》市や調布《ちょうふ》市は、かつての武蔵国多磨郡狛江郷の一部であるが、狛江郷の「狛」とは高麗《こま》、すなわち高句麗のことで、この地域にも多くの渡来人が住みついていたことが推測される。また、武蔵国高麗郡（現在は埼玉県）は、716（霊亀《れいき》2）年に相模など東国7カ国から1700人あまりの高句麗系渡来人が移住して設置されたという記録もある。

そして、渡来人たちが居住し開拓していった地域には、彼らの信仰に基づく寺社が建立されるようになっていく。調布市の深大寺《じんだいじ》6や日《ひ》の出町《でまち》の妙見宮《みょうけんぐう》7などはその例であり、各地に分布する白鬚《しらひげ》神社8も、そうした渡来人の信仰との深いかかわりが推測される。

妙見宮七星殿《しちせいでん》

1 王仁博士碑

台東区上野公園7-47 上野恩賜公園内

MAP p103 C3

清水観音堂の向かいにあるこの碑は、1940（昭和15）年に立てられたもので、王仁の業績を顕彰する文が刻まれている。『古事記』『日本書紀』によれば、王仁は5世紀初めに百済から渡来し、はじめて『論語』や『千字文《せんじもん》』（1000の異なる文字を使った漢詩で子どもに漢字を教えるために使われた）を伝え、朝廷の文書作成などを担当した書首《ふみのおびと》らの始祖《しそ》となったという。この地に碑が立てられたのは、江戸時代、徳川家康をはじめ四代の将軍に仕えた儒学者林羅山《らざん》が、上野忍岡《しのぶがおか》に私塾と孔子廟を設けたということを踏まえたものと推測される。建立の発起人は朝鮮人趙洛奎《ちょうらくけい》、主唱者・協賛者には哲学者井上哲次郎、元首相近衛文麿らのそうそうたる人物が名を連ねている。

JR、東京メトロ上野駅徒歩8分
問 東京都東部公園緑地事務所(03-3828-5644)

2 浅草寺《せんそうじ》

台東区浅草2-3-1

MAP p102 E3

浅草寺本尊の聖観世音《しょうかんぜおん》菩薩像は、628（推古天皇36）年、漁労を生業としていた檜前《ひのくまの》浜成《はまなり》・竹成《たけなり》兄弟が、宮戸《みやと》川（現在の隅田川）で漁をしていたときに網にかかって引き上げられたものと伝えられている。檜前氏は、始祖を阿知使主と伝える東漢氏と同族の百済系渡来氏族であり、飛鳥の檜隈《ひのくま》（前）を本拠としていた。檜前氏の一族が、いつ東国に移住してきたかは不明であるが、浅草寺一帯は、かつて律令政府が設けた「檜前牧《ひのくまのまき》」という馬の牧場であったと考えられていることからも、浅草寺と檜前氏とのかかわりがうかがわれる。なお、浅草寺本尊の観音像は5㎝ほどの黄金像といわれているが、秘仏とされていてみられない。かわりに、お前立ち本尊が毎年12月13日に開帳される。

東京メトロ、都営地下鉄浅草駅徒歩5分
問03-3842-0181

3 瀬戸岡《せどおか》古墳群

あきる野市瀬戸岡791

MAP p111 A2

瀬戸岡古墳群は、平井川南の河岸段丘上につくられた約50基の小規模な古墳によって構成されている。築造時期は7世紀中頃〜8世紀前半と考えられ、古墳は河原石を積み上げた低い墳丘と、河原石でつくられた半地下式の横穴式石室をもっている。これは高句麗の積石塚と共通する構造であり、古墳群と高句麗系渡来人との関連が想定される。古墳群は、国道411号線の西側「瀬戸岡歴史環境保全地域」内に保存されているが、現在、それらの墳丘をみることはできない。写真は小金井市の「江戸東京たてもの園」の屋外展示のために移設された「1号墳」の石室で、石室内部の形状はこれで確認することができる。

JR五日市線秋川駅徒歩17分
問あきる野市観光協会(042-596-0514)

4 稲荷塚《いなりづか》古墳

多摩市百草1-40-1

MAP p110 C4

稲荷塚古墳は、和田古墳群を構成する古墳の1つで、7世紀前半の築造とされている。墳丘は、類例の少ない八角形で全長は34m、2段に築造され、幅2mの周濠をもっていた。石室は、全長が約7・7m、切石を積んだ横穴式の羨道《せんどう》・前室・玄室からなる胴張《どうばり》複室構造という特異なもので、渡来人の技術を用いてつくられたものと考えられている。墳丘を削った上に稲荷神社を建てたため、高さはもとの半分ほどになったとみられる。現地の石室は、現在、埋め戻されていてみることができないが、パルテノン多摩2階の歴史ミュージアムに模型が展示されている。

京王線聖蹟桜ヶ丘駅からバス「落川」徒歩7分
問多摩市教育委員会教育部教育振興課文化財係(042-338-6883)

5 船王後《ふねのおうご》墓誌（三井記念美術館）

中央区日本橋室町2-1-1　三井本館7階

船王後は、推古・舒明《じょめい》両天皇の政府に仕えた渡来系氏族出身の官人で、舒明天皇から官位十二階のうちの第三位にあたる大仁《だいじん》を賜っている。彼の祖父である百済系渡来人王《おう》辰爾《じんに》は、カラスの羽に記されていてだれも読むことができなかった高句麗の国書を解読したことで、敏達《びだつ》天皇近くに仕えるようになったという人物である。船王後は、641年に死去し、のちに河内国の松岳山《まつたけやま》（現在の大阪府柏原市）に妻とともに葬られた。

日本橋の三井記念美術館所蔵の墓誌は、江戸時代に出土したと伝えられ、計162文字が銅板の表裏に刻まれている。年代が記された墓誌としては現在のところ最古であり、国宝とされている。

MAP p103 C6

国宝銅製船氏王後墓誌（三井記念美術館蔵）
🚇東京メトロ三越前駅徒歩1分
問三井記念美術館（03-5777-8600）

6 深大寺

調布市深大寺元町5-15-1

深大寺は、733（天平5）年、満功《まんくう》上人によって開創されたと伝えられる天台宗の寺院である。上人の父は福満《ふくまん》、母は地元の有力者の娘であるが、福満は深大寺のあたり（旧狛江郷）に居住し、一帯の開拓にあたった高句麗系渡来人の子孫であろうといわれる。

深大寺の釈迦堂には、7世紀末の作とみられる金銅釈迦如来倚像《いぞう》が安置されている。制作時期は深大寺の開創年より古く、なぜこの像がここにあるのかは謎である。椅子に腰かけた姿を示す倚像は、白鳳文化期の仏像に多い。また、弧を描く眉やまっすぐに通った鼻筋など顔の表現には興福寺仏頭、衣文の処理の仕方には法隆寺の夢違《ゆめたがい》観音像と共通する点が認められる。如来像のこうした特徴から、制作には渡来系仏師の関与が推測されている。

MAP p110 D4

🚇京王線調布駅からバス「深大寺」徒歩1分
問042-486-5511

7 妙見宮七星殿《みょうけんぐうしちせいでん》

西多摩郡日の出町平井3963

曹洞宗寺院東光院《とうこういん》の本堂裏手の急な坂道と階段を登り切ったところ、標高285mの妙見山山頂にある極彩色の建物が妙見宮七星殿である。七星殿は、685年に武蔵国に移住した百済の豪族が、大和斑鳩《いかるが》の法輪寺の妙見菩薩を勧請《かんじょう》して祀ったことに由来するという。妙見菩薩は、北斗七星が神格化された妙見神が仏教と習合して祀られたもので、その信仰は、百済聖明王《せいめい》（欽明天皇のもとに仏教を伝えた人物）の第三王子琳聖《りんしょう》太子によって日本にもたらされたと伝えられる。5月3日に催される妙見宮例大祭では、韓国の民族衣装チョゴリをまとった韓国農楽隊が町内を巡行し、韓国の民族舞踊が奉納される。

MAP p111 A2

JR青梅線福生駅からバス「尾崎」徒歩10分
問妙見山東光院（042-597-3437）

8 白鬚《しらひげ》神社

墨田区東向島3-5-2

社伝では、951（天暦5）年に、近江国志賀《しが》郡境打颪《さかいうちおろし》（滋賀県高島市）の白鬚神社を分霊して祀ったのが始まりという。かつての武蔵国（現在の東京都・埼玉県・神奈川県の一部）には50社を超える白鬚神社が分布し、現在も墨田区・江戸川区・葛飾区などに10社が所在している。武蔵国には、渡来人の集団によって開拓された地域が多い。のちの武蔵国高麗《こま》郡には、高句麗の王族若光《じゃくこう》が率いる集団が移住してきたとの伝えがあり、死後、一族が彼を祖霊として祀った神祠が白鬚神社であるという。白鬚神社の総本宮がある近江国志賀郡一帯は多くの渡来人が居住した地域であり、白鬚神社と渡来人の信仰との深いかかわりが推測される。

MAP p102 F2

東武スカイツリーライン東向島駅徒歩10分
問03-3611-2750

コラム 法隆寺「四十八体仏」にみる渡来人のわざ

〔東京国立博物館法隆寺宝物館〕

法隆寺宝物館には、法隆寺に伝来した300件あまりの宝物が収蔵・展示されている。それらのうち「四十八体仏」（実際は57体）と通称される小型の金銅仏は、7世紀前半から8世紀前半の制作と推定される典型的な飛鳥・白鳳文化期の仏像である。写真の如来像は、法隆寺の釈迦三尊像を制作した鞍作鳥《くらつくりのとり》（止利《とり》仏師）の工房でつくられたものとみられる飛鳥時代の仏像である。それ以外の多くの仏像の制作にも渡来人系の仏師がかかわっていたと考えられている。

台東区上野公園13-9
JR、東京メトロ上野駅徒歩10分
問東京国立博物館（03-3822-1111）　※月曜、年末年始休館

02

大航海時代と江戸

15～16世紀の大航海時代に、アジア進出の先頭を切ったのはポルトガルとスペイン（イスパニア）であった。ヨーロッパ人が来航するようになった日本は、世界とどのようにつながっていたのだろうか。

1543（天文12）年、ポルトガル人を乗せた中国人倭寇の船が九州の種子島に漂着、鉄砲が伝来[1]した。1584（天正12）年には平戸にスペイン人が来航し、この二国による南蛮貿易が始まる。また、1549年にイグナティウス（イグナチオ）・ロヨラ[2]を総長とするイエズス会の宣教師フランシスコ・ザビエル[3]が鹿児島に来航し、カトリック系キリスト教の布教を開始した。その後も多くの宣教師が来航した結果、洗礼を受けてキリシタン大名となるものもあらわれた。1582年には、宣教師ヴァリニャーニの勧めで、天正遣欧使節と呼ばれる伊東マンショ[4]らの少年がローマ教皇のもとに派遣された。このヴァリニャーニは、金属製の活字による活字印刷術[5]を伝えた人物としても知られており、キリシタン版（天草版）と呼ばれるローマ字の出版物の刊行は南蛮文化の特徴とされている。

しかし、「天下」統一を進めていた豊臣秀吉は、当初布教を認めていたキリスト教に対する規制を強化するようになり、バテレン追放令により宣教師の国外退去を命じるまでにいたった。1596（慶長元）年、土佐に漂着したスペイン船サン・フェリペ号の乗組員がスペインの領土拡張に宣教師が関係していると証言したことから、26人の宣教師らを長崎で処刑する事件[6]にまで発展した。

朝鮮侵略に失敗し政権を衰退させた秀吉が死去した2年後の1600年には、覇権を争う関ヶ原の戦いが起こるなか、豊後（現在の大分県）にオランダ船リーフデ号[7]が漂着した。関ヶ原の戦いに勝利した徳川家康は、リーフデ号に乗船していたオランダ人ヤン・ヨーステンとイギリス人ウィリアム・アダムズ[8]を江戸に招いて外交や貿易の顧問とした。このように家康は、オランダやイギリスとの貿易も許可するなど、海外との交易に当初は積極的であった。

フランシスコ・ザビエル像（神戸市立博物館蔵）

1 鉄砲組百人隊伝陣行列

種子島に伝来した鉄砲は火縄銃で、それを巧みに活用した戦国大名が台頭していった。徳川家康の江戸入府前に、家臣の内藤氏は江戸の秩序を保つため、服部半蔵らの鉄砲百人同心を配置した。鉄砲同心は半蔵門から新宿にかけて駐屯していたが、江戸開幕にともない、現在の新宿区百人町あたりに鉄砲百人組として屋敷を与えられた。近年、百人組の守護神である皆中《かいちゅう》稲荷神社（新宿区百人町1-11-16）の働きかけで、「鉄砲組百人隊」として復活し、隔年で火縄銃の試射などをおこなう行事を開催している。

MAP p106 E4

問江戸幕府鉄炮組百人隊保存会

2 イグナティウス・ロヨラ像とクルトゥルハイム聖堂（上智大学）

千代田区紀尾井町7-1

イグナティウス（イグナチオ）・ロヨラ（1491〜1556）は、スペインのバスク地方の出身で、フランシスコ・ザビエルらとともにカトリック系修道会であるイエズス会を創立し、その初代総長となった。上智大学はイエズス会を設立母体としていることもあり、大学構内のクルトゥルハイム聖堂（写真右）前にはロヨラ像が立つ。クルトゥルハイム聖堂は明治後期に竣工された建物で、ドイツ語で文化（クルトゥル）の館（ハイム）という意味をもつ。

MAP p106 H6

JR中央線、東京メトロ四ツ谷駅徒歩5分
問上智大学(03-3238-3262)

3 ザビエル像（東京カテドラル聖マリア大聖堂・上智大学市ヶ谷キャンパス）

フランシスコ・ザビエルはスペイン人のイエズス会宣教師で、鹿児島に来航し、キリスト教をはじめて日本に布教した人物として名高い。彼の残した書簡には、日本人の資質を高く評価し、日本での大学設立の願いが伝えられている。それが上智大学設立に結びついたといわれており、カトリック系の東京カテドラル聖マリア大聖堂（カトリック関口教会）に胸像が、上智大学市ヶ谷キャンパスには銅像が立てられている。

MAP p106 G3

東京カテドラル聖マリア大聖堂内
文京区関口3-16-15
JR山手線目白駅からバス
「ホテル椿山荘東京」徒歩1分
問カトリック東京カテドラル関口教会
(03-3945-0126)

上智大学市ヶ谷キャンパス
千代田区四番町4
JR中央線、東京メトロ市ヶ谷駅徒歩5分
問上智大学(03-3238-3262)

4 伊東マンショ像（井の頭自然文化園彫刻館）

武蔵野市御殿山1-17-6

伊東マンショは、天正遣欧使節によってローマ教皇のもとに派遣された4人の少年のうちの1人で、豊後《ぶんご》国領主大友宗麟《おおともそうりん》の姪の子として知られている。この像は、長崎の平和の像の制作で有名な北村西望《せいぼう》の作品で、宗麟ゆかりの大分市の遊歩公園内の像の原型である。1585年に伊東マンショを正使とする一行がローマ教皇拝謁のため、バチカン宮殿に向かい、行進する姿といわれている。西望のアトリエが井の頭自然文化園内に移築されたことから、彫刻館内に置かれている。

MAP p110 E3

JR中央線、京王井の頭線吉祥寺駅徒歩10分
問井の頭自然文化園(0422-46-1100)

5 活字印刷術の伝来（印刷博物館）

文京区水道1-3-3トッパン小石川ビル

ヴァリニャーニはイエズス会のイタリア人宣教師で、1579年に来日した。彼は天正遣欧使節の派遣を勧めた人物で、使節にはインドのゴアまで随行している。一方、西欧の活字印刷機の輸入にも尽力し、西洋版の活字印刷で刷られた「キリシタン版」を普及させた。文京区にある印刷博物館では、天正遣欧使節が持ち帰ったといわれる活字印刷機と同タイプの印刷機が展示されている。

MAP p106 H3

JR中央線、東京メトロ飯田橋駅徒歩13分
問印刷博物館(03-5840-2300)

6 カトリック東京大司教区本所教会（日本26聖人殉教者聖堂）

墨田区石原4-37-2

日本26聖人殉教とは、1597（慶長2）年に豊臣秀吉の命で26人のカトリック信者が磔《はりつけ》にされたことを指す。墨田区にあるカトリック本所教会は、1880（明治13）年に設立され、そのときつくられた小聖堂を26聖人に捧げた。そのため、現在の聖堂名も日本26聖人殉教者聖堂であり、殉教がおこなわれた2月には「日本二十六聖人殉教者祭」のミサがとりおこなわれている。また、聖堂内には26聖人のうち、フランシスコ会に属していたスペイン人司祭のペドロ・バプチスタ像とメキシコ人修道士のフェリペ・デ・ヘスス像がかけられている。

MAP p102 F4

右上：ペドロ・バプチスタ像
右下：フェリペ・デ・ヘスス像
左上：聖堂内の様子
左下：聖堂外観

都営地下鉄本所吾妻橋駅徒歩11分
問カトリック東京大司教区本所教会(03-3623-6753)

7 リーフデ号のレリーフとヤン・ヨーステン像

1605（慶長10）年、オランダ船リーフデ号が豊後に漂着すると、徳川家康は航海士のヤン・ヨーステンと水先案内人のイギリス人ウィリアム・アダムズとを江戸に招き、外交・貿易の顧問とした。写真は、東京駅八重洲中央口から一直線に走る八重洲通りが中央通りと交差する手前の中央分離帯に、中央区が日蘭修好380周年を記念して制作したレリーフで、右側にはリーフデ号が刻まれている。また、リーフデ号は現存しないが、船尾につけられていたエラスムス像（国重文）は東京国立博物館に所蔵されており、不定期で公開している。レリーフの中央上部には、当時のオランダ貿易の中心であったオランダ東インド会社のロゴマークも彫られている。ヤン・ヨーステンは、日本名を耶楊子《やようす》といい、この地に屋敷を拝領したことから、八重洲という地名が生まれたとされる。

ヤン・ヨーステン記念像
中央区八重洲（東京駅八重洲地下街）外堀地下1番通り中央付近の東側
JR東京駅八重洲南口出口徒歩約1分

MAP p103 C6

日蘭修好380周年記念ヤン・ヨーステン記念碑
中央区日本橋3丁目・京橋1丁目先
JR東京駅八重洲南口出口徒歩約1分

リーフデ号のエラスムス像
（東京国立博物館蔵）

8 三浦按針《あんじん》屋敷跡

中央区日本橋室町1-10-8

リーフデ号に水先案内人として乗船していたウィリアム・アダムズも、ヤン・ヨーステンとともに徳川家康に重用された。家康は彼の造船技術を高く評価し、旗本に取り立て、三浦按針と名乗らせた。その際、領地である三浦半島から苗字を、仕事である水先案内から按針の名をとったともいわれている。彼は、日本橋の名主の娘と結婚したため、この地に屋敷を構え、当時この地区は按針町とも呼ばれた。

MAP p103 C6

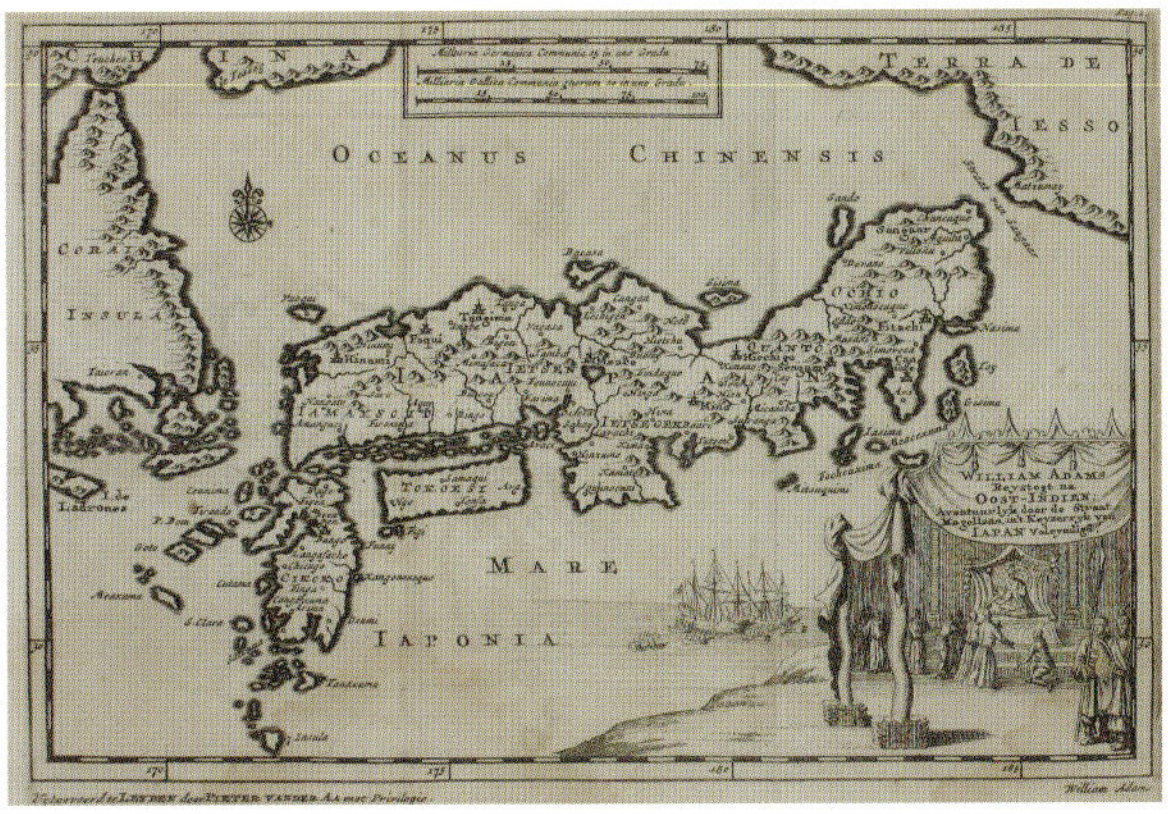

『ウィリアム・アダムズからの二つの手紙』
東洋文庫には1706年刊行の翻訳本があり、この本には手紙のほか、写真の日本地図が綴じられている。右下の絵には中央の玉座に家康、ひざまずくアダムズも描かれている。（東洋文庫蔵）

東京メトロ三越前駅徒歩5分

羽川藤永『朝鮮通信使来朝図』(神戸市立博物館蔵)

03 鎖国下の国際交流

江戸時代は「鎖国」の時代といわれるが、海外との交流がまったくなかったわけではない。鎖国体制のもとで続いた対外交流の跡を訪ねてみよう。

鎖国体制のもと、日本には4つの外交窓口があった。長崎でオランダ・中国、対馬《つしま》を通じて朝鮮、薩摩《さつま》を通じて琉球、松前《まつまえ》を通じて蝦夷《えぞ》（アイヌ）・山丹との関係を保っていたのである。このうち、オランダ・中国とは貿易のみの関係であったことから「通商の国」、朝鮮・琉球とは国家的な外交関係にあったので「通信の国」と呼んだ。

オランダは東インド会社の支店として長崎の出島に商館を置き、来航した商館長は海外情報を記した『オランダ風説書《ふうせつがき》』を幕府に提出し、さらに江戸で将軍に拝謁《はいえつ》した（これを江戸参府《さんぷ》1という）。

中国からは、明《ミン》が滅亡したあとも、清《シン》の船が長崎に来航し、貿易額は年々増加するとともに、文化的な交流2 3も進んだ。清国人の住居は唐人《とうじん》屋敷に限定された。

朝鮮は対馬藩主の宗《そう》氏とのあいだで1609（慶長14）年に己酉《きゆう》約条を結び、釜山《プサン》に置かれた倭館《わかん》で貿易をおこなった。幕府の将軍の代替わりごとに、朝鮮からは通信使が来日4し、国書を交換した。通信使は江戸時代に合計12回来日し、初期は豊臣秀吉の朝鮮侵略に際しての朝鮮人捕虜《ほりょ》の返還が目的であったが、文化交流のうえで大きな役割を果たした。

琉球王国は1609年に薩摩の島津《しまづ》家久《いえひさ》によって征服され、その従属下にはいった。一方で中国との関係も維持しつつ、琉球は国王の代替わりごとに謝恩使《しゃおんし》を、将軍の代替わりごとに慶賀使《けいがし》を幕府に派遣した。

蝦夷地では松前氏が1604年に家康よりアイヌとの交易独占権を認められ、アイヌとの交易地域（商場《あきないば》・場所《ばしょ》という）での収入を家臣に与えた。交易におけるトラブルを原因に、1669年、シブチャリの首長シャクシャインを中心にアイヌ民族が蜂起したが、松前藩に鎮圧され、以後は従属させられた。

1 長崎屋跡《ながさきや》

中央区日本橋室町4-4

JR新日本橋駅の出口に、長崎屋跡の案内板が立っている。石町《こくちょう》（現在の日本橋室町）には、年に1度（のち4年に1度）、長崎から江戸に参府するオランダ商館長一行が定宿《じょうやど》にしていた長崎屋があった。オランダ人の滞在中には、好奇心の強い庶民が大勢集まってきたという。また、幕府の天文方《てんもんかた》・医官・蘭学者などの知識人にとっては西洋の学術にふれるためのまたとない機会となり、さまざまな文化交流がおこなわれた。

MAP p103 C5

JR総武線新日本橋駅出口

長崎屋（『画本《えほん》東都遊』より、たばこと塩の博物館蔵）

2 海福寺梵鐘《かいふくじぼんしょう》

目黒区下目黒3-20-9

海福寺の始まりは、明から来日した隠元隆琦《いんげんりゅうき》が1658年に江戸深川に開創した黄檗宗《おうばくしゅう》の寺にあったが、1910年に現在地へ移転した。境内の梵鐘（都指定有形文化財）は、高さ139・5㎝、口径78・8㎝の銅製である。鐘の銘文から、1683年に武州江戸中村喜兵衛《きへえ》・藤原正次《まさつぐ》が制作したものとわかる。伝統的な日本の鐘の形態に倣いながらも、裾の雲型の線は近世の中国風のデザインに似せるなど、江戸時代の梵鐘のなかでも類例の少ない優品である。

MAP p108 F6

東急目黒線不動前駅徒歩10分
㊂海福寺（03-3717-5616）

3 象小屋の跡

中野区本町2-32

東京メトロ中野坂上駅の南側に、1728（享保13）年にベトナムからやってきた象を飼育した朝日が丘公園があり、その案内板が立っている。長崎に上陸した象ははるばる江戸まで旅をし、将軍吉宗に献上された。象は浜御殿《はま》（現在の浜離宮恩賜《おんし》庭園）でしばらく飼育されたあと、中野村（現在の中野区）の農民に預けられ、この公園の場所に飼育小屋が建てられたのである。象の死後、骨や牙は宝仙寺《ほうせんじ》（中野区）におさめられ、供養されたというが、1945（昭和20）年の戦火でほぼ失われてしまった。

MAP p107 D5

東京メトロ中野坂上駅徒歩7分

江戸までの道中、京都で描かれた象の図の転写（国立国会図書館蔵）

4 雉子橋《きじばし》

千代田区1-1

東京メトロ竹橋《たけばし》駅を出て、雉子橋通りを神保町《じんぼうちょう》方面へ行くと日本橋川に架かる雉子橋が姿をあらわす。徳川家康が朝鮮からの使者を歓待するために雉子を飼っていた場所がこの付近だったことが、名称の由来であるという。現在の橋は、関東大震災後の1925年に架け替えられたものである。目と鼻の先が江戸城（現在の皇居）であるため、当時は大変警備の厳しい場所であり、「雉子橋でけんもほろろに叱られる」という川柳も詠まれている。

MAP p103 B5

東京メトロ竹橋駅徒歩1分

04 東京キリシタン遺跡巡礼

禁教令により日本にきた宣教師の多くがとらえられ、殉教していった。また、隠れキリシタンにも不幸な運命をたどった者が多い。彼らの信仰の深さを感じてみよう。

江戸時代にはいり、キリスト教の布教を黙認していた家康も、スペイン・ポルトガルの侵略を警戒し、1612（慶長17）年に直轄領に禁教令1を出し、翌年にはその範囲を全国に広め、キリスト教禁教の施策を打ち出した。この禁教令により長崎や京都の教会が壊され、キリシタン大名として有名な高山右近《うこん》はマニラに追放された。

多くの信者が改宗を迫られ、1622（元《げん》和《な》8）年に長崎で起こった元和の大殉教2では、55人もの信者が処刑された。翌年、江戸でも宣教師を含む信者たちが江戸市中引き回しされ、火刑に処せられる大殉教があった。

このような迫害を受けるなか、隠れて信仰を続けるキリシタンもいたため、1638（寛永15）年の島原の一揆が鎮圧されると、踏絵《ふみえ》3を使い絵踏《えぶみ》させるなど、幕府はキリスト教の取り締まりを強化した。

1641（寛永18）年、オランダ商館を出島に移して鎖国は完成する。1708（宝永5）年には、キリスト教布教のため、屋久島《やくしま》に潜入したイタリア人宣教師シドッチ45がとらえられ、切支丹屋敷に収容されるといった事件も起こった。江戸では、その後も幕府のキリスト教取り締まりは継続され、キリスト教徒から改宗させた「転《ころ》びバテレン」6と呼ばれた人たちも出現した。しかし、隠れキリシタン7として信仰を継続する者も多かった。

「江戸のサンタ・マリア（親指のマリア）」（東京国立博物館蔵）
詳細はP.16参照。

1 おたあジュリアの記念碑と墓（神津島）

おたあジュリアは、キリシタン大名であった小西行長の養女として、カトリックの洗礼を受けたため、ジュリアと名乗った。行長が処刑されたのちは徳川家康の寵愛を受けたが、キリスト教棄教を拒否したため、駿府から追放され、伊豆諸島の大島・八丈島・神津島の3島に流されている。

神津島はジュリア終焉の地として、ジュリアの墓とともに顕彰碑も立てられている。毎年5月には「ジュリア祭」が催され、ミサなどには全国から参加者がある。

おたあジュリア顕彰碑
🚉神津島前浜港徒歩20分

ありま展望台にあるジュリアの十字架
🚉神津島前浜港徒歩30分

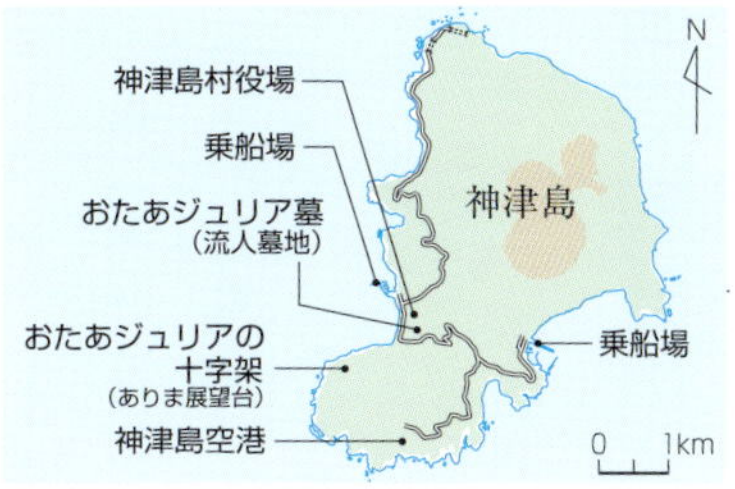

2 元和キリシタン遺跡と江戸の殉教者の顕彰碑（高輪教会）

港区にある元和キリシタン遺跡には、1623（元和9）年、3代将軍徳川家光の命でキリスト教信者50人が処刑されたことを悼み、碑が立てられている。前年には、長崎でイエズス会宣教師ら55人が処刑される元和の大殉教があり、それを受けて江戸での大殉教となった。

処刑地に近い高輪教会には、聖堂の前に江戸で殉教した約2000人近い信者を讃える「江戸の殉教者の顕彰碑」が立てられている。本教会では11月下旬に、それを記念するミサもとりおこなわれているほか、地下には踏絵などの資料があり、元和の大殉教を描いた「江戸の殉教図」もみることができる。

MAP P108 H4、H6

元和キリシタン遺跡
港区三田3-7-8
🚉JR山手線・京浜東北線田町駅徒歩8分

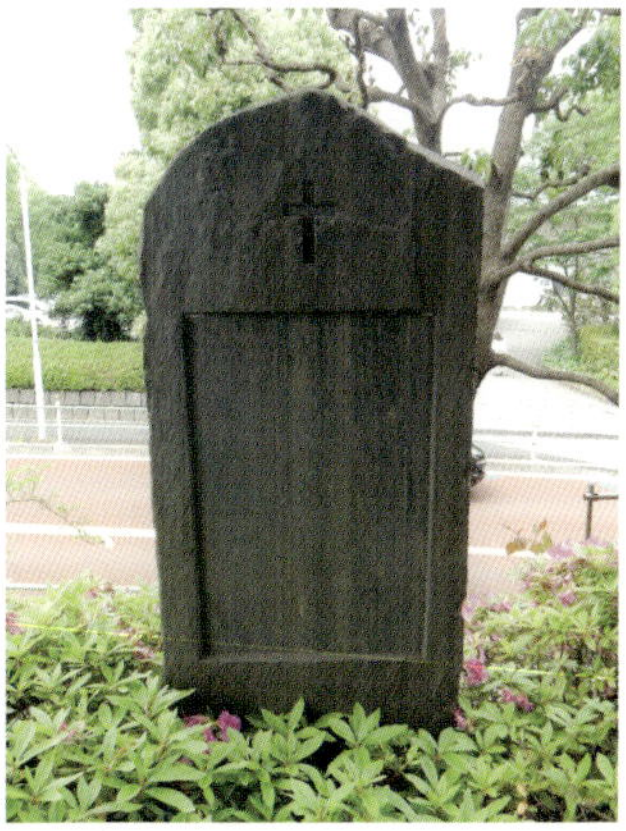

高輪教会、江戸の殉教者の顕彰碑
港区高輪4-7-1
🚉JR山手線・京浜東北線品川駅徒歩6分、都営地下鉄高輪台駅徒歩5分
問カトリック高輪教会（03-3441-5556）

高輪教会「江戸の殉教図」
（江副隆愛作）

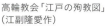

3 踏絵（明治大学博物館）

千代田区神田駿河台1-1　アカデミーコモン地階1階

MAP p103 B4

踏絵は、キリシタンの取り締まりを目的としておこなわれた絵踏に使用されたもので、銅や真鍮でできており、中央に聖画像などが刻まれている。現在、そのほとんどを東京国立博物館が所蔵している。年に1～2カ月程度、キリシタン関係の展示をおこなっており、そのときに実物をみることができる。また、レプリカであれば、明治大学博物館（刑事部門）などで常時見学できる。

JR中央線・総武線、東京メトロ御茶ノ水駅徒歩5分、東京メトロ新御茶ノ水駅徒歩8分
問 明治大学博物館(03-3296-4448)

4 切支丹屋敷跡

文京区小日向1-24-8

MAP p106 H3

江戸の切支丹屋敷は、17世紀前半、宗門改役であった井上政重の屋敷内に設置されたのが起こりとされる。イタリア人宣教師キアラや屋久島に上陸したヨハン・シドッチらが収容された。18世紀初めに収容されたシドッチはここで新井白石《あらいはくせき》から尋問を受けたが、シドッチ以降の収監者はなく、1724年に牢屋などが焼失し、1792年には屋敷が廃止された。2016年、文京区ではこの屋敷跡から出土した人骨がシドッチの可能性が高いと発表した。

現在立つ2つの石碑の左側に、「八兵衛の夜泣き石」と呼ばれる石塔がある。伝説では、キリスト教に入信した八兵衛は改宗するよう拷問されたが屈せず、穴のなかへ逆さ吊りにされ、生き埋めにされたといわれる。そして魂が天に昇れないように、石仏の首を欠き、かわりに長円形の石を上に乗せられたのがこの石と伝えられている。石は夜になると泣き声が聞こえ、「八兵衛さん悲しかろう」との言葉に返事をしたという。

東京メトロ茗荷谷駅徒歩8分

シドッチの可能性が高いといわれる人骨出土状況。

5 シドッチの「江戸のサンタ・マリア」（カトリック碑文谷教会）

目黒区碑文谷1-26-24

MAP p110 F4

イタリア人宣教師シドッチは、1708年、日本にキリスト教を布教する目的で、鹿児島県の屋久島に潜入した。しかし、ただちにとらえられ、翌年、新井白石の尋問を受けたのち、小石川の切支丹屋敷に幽閉され、5年後に病死した。白石はこの訊問をもとに、『采覧異言《さいらんいげん》』と『西洋紀聞《きぶん》』を著している。

1954年に目黒区に建てられたカトリック碑文谷教会には、シドッチがイタリアから携えてきたカルロ・ドルチ作のマリア像の聖画が伝わっており、入り口近くに複製が掲げられている。この像は、「江戸のサンタ・マリア」（別名「親指のマリア」、P.14参照）といわれ、日本三大マリア像の1つとされ、東京国立博物館に所蔵されている。

東急東横線学芸大学駅または都立大学駅徒歩15分
問 03-3713-7624

6 キアラの墓碑（調布サレジオ神学院）とキアラの供養碑（伝通院）

MAP p110 D4、p103 A3

イタリア人宣教師ジュゼッペ・キアラは、1643年、筑前でとらえられ、1646年、切支丹屋敷に移された。彼は、拷問による強制にたえかねて信仰を捨て、岡本三《おかもとさん》右《え》衛門《もん》という日本名を名乗って生き、遠藤周作の小説『沈黙』のモデルともなった。江戸時代に彼の墓石は小石川の無量院に立てられたが、寺院の焼失や移転を経て、現在は調布のサレジオ神学院にある。笠の部分は宣教師の山高帽のような形をしており、戒名の「入専《じゅせん》」はジュゼッペの当て字と考えられる。また、無量院と隣接していた小石川伝通院には供養碑が立てられている。

伝通院
文京区小石川3-14-6
🚉東京メトロ後楽園駅徒歩10分
問無量山伝通院（03-3814-3701）

伝通院のキアラの供養碑

調布サレジオ神学院のキアラの墓碑
調布市富士見町3-21-12
🚉京王線調布駅徒歩20分
問カトリック調布教会（042-482-3937）

7 キリシタン灯籠（大聖院《だいせいいん》・太宗寺《たいそうじ》）

MAP p108 F5、p106 F5

茶人の古田織部《おりべ》が考案した茶庭などに配される灯籠を織部型灯籠という。そのうち、竿の部分に地蔵が彫られている灯籠について、キリシタン灯籠と呼ばれるときがある。その形から、隠れキリシタンたちがキリストを地蔵に見立てて崇拝したともいわれる。目黒の大聖院にある3基のキリシタン灯籠（写真右）は、島原藩主松平家の下屋敷（港区三田）にあったといわれている。左の写真のキリシタン灯籠は、内藤新宿を支配した内藤家の菩提寺である太宗寺にあるもので、竿の部分の彫刻がマリア像を象徴したものと解釈され、「マリア観音」とも呼ばれている。

太宗寺のキリシタン灯籠
新宿区新宿2-9-2
🚉東京メトロ新宿御苑前駅徒歩3分
問太宗寺（03-3356-7731）

大聖院のキリシタン灯籠
目黒区下目黒3-1-3
🚉JR山手線、東京メトロ目黒駅徒歩8分
問大聖院（03-3492-4887）

05

江戸の洋学を探求する

江戸時代中期から蘭学として展開した西洋学術の研究は、やがて洋学と呼ばれ、日本の近代化を推し進める基礎となった。蘭学・洋学を担った先人たちの業績を訪ねてみよう。

江戸時代前期においては、長崎通詞《つうじ》であった西川如見《にしかわじょけん》が『華夷通商考《かいつうしょうこう》』を著して海外事情を紹介し、新井白石《あらいはくせき》1が屋久島《やくしま》に潜入したイタリア人宣教師シドッチを尋問して『西洋紀聞《きぶん》』『采覧異言《さいらんいげん》』を記すなど、世界地理への関心が示されていたが、一般的には西洋文化への関心は高くなかった。

18世紀になり、8代将軍徳川吉宗は漢訳された洋書の輸入制限を緩和し、青木昆陽《あおきこんよう》2らにオランダ語の学習を命じて、実学を中心に西洋学術を積極的に吸収しようとした。この流れを受けて、人々の西洋文化への関心も高まり、平賀源内《ひらがげんない》はエレキテル3や寒暖計《かんだんけい》をつくるなど物理学を研究し、医学でも山脇東洋《やまわきとうよう》が人体解剖をおこなうなど、実証的な学術研究が進んだ。とくに1774（安永3）年、前《まえ》野良沢《のりょうたく》・杉田玄白《すぎたげんぱく》らがオランダ語で記された解剖書を『解体新書』として翻訳する4 5という業績をあげたことは、蘭学の発展にとって画期的であった。

ここから蘭学はさらなる発展をみせ、蘭学の入門書として大《おお》槻玄沢《つきげんたく》『蘭学階梯《らんがくかいてい》』、医学書として宇田川《うだがわ》玄随《げんずい》『西説内科撰要《せいせつないかせんよう》』、日本最初の蘭日辞書として稲村三伯《いなむらさんぱく》『ハルマ和解《わげ》』などが次々に著された。

19世紀には蘭学は全国に広がっていく。幕府天文方の高橋至時《よしとき》は、西洋の天文学をもとに改暦作業に従事し、その門弟である伊能忠敬《いのうただたか》は全国の測量にあたった。蘭学を学ぶための私塾も各地に開かれた。オランダ商館付の医師シーボルト6は長崎に鳴滝塾《なるたきじゅく》を開いて高野長英《たかのちょうえい》らを育て、幕末に緒方洪庵《おがたこうあん》が開いた適々斎塾《てきてきさいじゅく》からは橋本《はしもと》左内《さない》・大村益次郎《おおむらますじろう》・福沢諭吉《ふくざわゆきち》ら、幕末から明治にかけて活躍した多くの人材を出した。

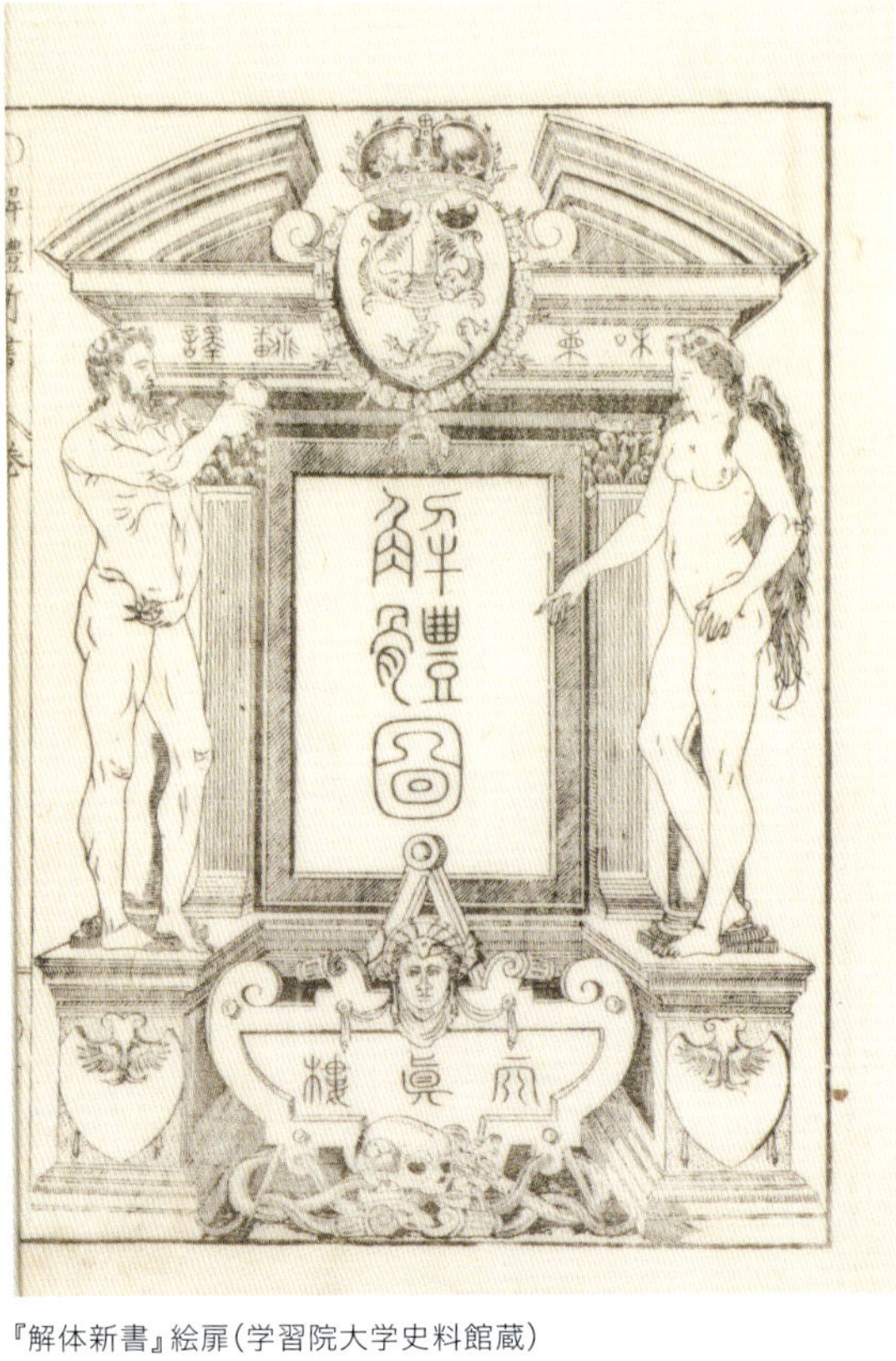

『解体新書』絵扉（学習院大学史料館蔵）

1 新井白石の墓（高徳寺）

中野区上高田1-2-9

東京メトロ落合《おちあい》駅から早稲田通りを中野方面に向かうと、右手に高徳寺《こうとくじ》がある。本堂裏手の墓地に、新井白石の墓がある。寺伝によれば、白石は1675年からの5年間、および1691年からの3年間を同寺で過ごしたという。右側は夫人の墓、左手が白石の墓で、「新井源公之墓」とある（新井氏は新田源氏の末裔《まつえい》と称していたため）。ちなみに、本堂横にある新井白石記念ホールは、2007年に新井白石没後270年を記念してつくられたものである。

MAP p107 C3

東京メトロ落合駅徒歩5分
問高徳寺(03-3368-6947)

2 青木昆陽（甘藷《かんしょ》先生）記念碑（目黒不動尊）

目黒区下目黒3-20-26

目黒不動尊《めぐろふどうそん》の仁王門をくぐった先の左前方に、ひときわ背の高い青木昆陽記念碑がある。本堂裏手の墓地に昆陽の墓がある関係から、この碑は1911年にその業績を讃える目的で立てられた。碑文の起草者は、はじめての国語辞書『言海《げんかい》』を著した大槻文彦《おおつきふみひこ》で、彼の祖父である大槻玄沢がオランダ語を学んだ相手が前野良沢。そして前野良沢こそ昆陽の弟子であった。その奇縁をもとに刻まれた碑文には、昆陽の生涯とその学問的業績が述べられている。

江戸日本橋に生まれ、京都で儒学を学び、1740（元文5）年、吉宗の命でオランダ通詞からオランダ語や西洋文化を学んだ昆陽は、サツマイモの栽培を広めた人物としても知られており、文京区の小石川植物園内には、試作地の跡を示す案内板が立っている。

MAP p108 F6

東急目黒線不動前駅徒歩15分
問目黒不動尊(03-3712-7549)

青木昆陽記念碑（目黒不動尊）

3 エレキテル（国立科学博物館）

台東区上野公園7-20

上野の国立科学博物館に、江戸時代の科学技術コーナーがあり、平賀源内が製作したエレキテル（複製）が展示されている。エレキテルとは、摩擦起電機《まさつきでんき》（静電気発生装置）のことを指す。もともとはオランダで発明され、見世物や医療器具として用いられていた。日本へは18世紀の中頃に持ち込まれ、オランダ人が江戸幕府に献上したという。外部は木製で、ハンドルを回すと摩擦によって内部の回転瓶《びん》から静電気が発生し、その電気を銅線に伝わらせて蓄電板《ちくでんばん》に蓄積し、放電する仕組みである。

平賀源内は長崎遊学の際、興味をもち、1776（安永5）年にエレキテルを製作した。江東区の清澄《きよすみ》1丁目には平賀源内電気実験の地を記念した碑が立っている。

MAP p103 C3、p102 E6

エレキテル

JR山手線・京浜東北線、東京メトロ上野駅徒歩5分
問国立科学博物館
(03-5777-8600)

江東区清澄1丁目の碑

平賀源内
（慶應義塾図書館蔵）

4 蘭学事始《ことはじめ》の地碑

中央区明石町11

MAP p105 C2

築地の聖路加《せいろか》国際病院前ロータリーに、『解体新書』の人体図が彫られた「蘭学事始の地」の碑が立っている。本を左右に開いたような外観の記念碑で、右側の石には人体図と『解体新書』の文字、左側には「蘭学の泉はここに」と記されている。撰文は元東京大学教授で、緒方洪庵《おがたこうあん》の曾孫にあたる緒方富雄（1901〜89）による。ここは豊前中津《ぶぜんなかつ》藩の中屋敷があった所で、藩医の前野良沢を中心に、若狭小浜《おばま》藩医の杉田玄白・中川淳庵《じゅんあん》や幕府奥医師の桂川甫周《かつらがわほしゅう》らが4年がかりでオランダ語の解剖書『ターヘル・アナトミア』の訳出作業を進めた地である。

なお、慶應義塾の創設者である福沢諭吉も同じ中津藩出身であり、慶應義塾の前身である蘭学塾が開かれた場所でもあることから、記念碑の隣に「慶應義塾発祥の地碑」がある。

奥が「蘭学事始の地」碑、
手前が「慶應義塾発祥の地」碑
🚇東京メトロ築地駅徒歩5分

5 観臓《かんぞう》記念碑

荒川区南千住5-33-13 小塚原回向院内

MAP p102 E1

小塚原回向院《こづかはらえこういん》にはいってすぐ右手の壁に、『解体新書』の絵扉の絵が目をひく青銅板の「観臓記念碑」がある。かつてこの地には刑場があり、1771（明和8）年、前野良沢・杉田玄白らが『ターヘル・アナトミア』を訳出するきっかけとなった腑《ふ》分《わ》けがおこなわれた。この記念碑はもともと、腑分けから150年が過ぎた1922年に回向院の本堂裏手に建立されたものだが、戦災で破損したため、日本医師会の手により1959年に現在の地に移されたものである。

観臓記念碑

🚇JR常磐線、東京メトロ南千住駅徒歩1分
㈲小塚原回向院（03-3801-6962）

杉田玄白、80歳の頃の肖像画
（早稲田大学図書館蔵）

🚉東京メトロ築地駅徒歩7分

6 シーボルト像

中央区築地7-2　あかつき公園内

聖路加国際病院のすぐ近く、あかつき公園内にドイツ人シーボルトの胸像がある。シーボルトは1826（文政9）年、オランダ商館長に従い江戸に参府し、大槻玄沢らと交流したが、築地と直接的な関係があるわけではない。日本人女性の滝とのあいだに生まれた娘である「いね」が産院を開いた場所が築地であったこと、そして明治期に築地は外国人居留地になったということから、1988年、この地に胸像が立てられた。像そのものは、オランダのライデン大学とイサーク・アルフレッド・エリオン財団により寄贈されたものである。

MAP p105 C2

コラム

近代医学の夜明けを学べる博物館

〔日本医学教育歴史館〕

日本医学教育歴史館は、順天堂大学の創立175周年を記念して、2014年に開館した。日本の医学教育の歴史を展示する博物館として、充実した展示内容を誇る。医学教育の歴史を一望できる年表が広がるロビーには順天堂の病院旗が掲げられ、解説映像モニターも配置されている。展示室へはいると、山脇東洋《やまわきとうよう》『蔵志《ぞうし》』、杉田玄白ら『解体新書』などの著名な資料のほかに、緒方洪庵が開いた適々斎塾《てきてきさいじゅく》（適塾《てきじゅく》）の門人録や江戸時代の施術の実態を示すさまざまな資料が豊富な解説文とともに紹介されている。近代以降の展示に関しても、西洋医学の本格的導入から現代医学まで、一般の方々にも広く興味をもってもらえるように工夫されている。

なお、『解体新書』に関しては文京区の東洋文庫ミュージアム（文京区本駒込2-28-21）も必見である。『解体新書』初版本およびその原本『ターヘル・アナトミア』が展示されている。

文京区本郷2-1-1
順天堂大学センチュリータワー17階
🚉JR中央線・総武線、東京メトロ御茶ノ水駅徒歩7分
㈣日本医学教育歴史館（03-5802-1730）
※火・木曜開館（13:00〜15:00、事前予約制）

東京でふれる アイヌ文化・琉球文化

現在、北海道と沖縄県は日本であるが、歴史的に考えると北海道ではアイヌ民族が、沖縄では琉球王国がそれぞれ独自の文化を形成してきた。そこで、アイヌと琉球の文化を感じられる東京のスポットを訪れてみよう。

先住民族アイヌは、日本の近代化の過程において名誉と尊厳を奪われ、多くの人々が困窮を余儀なくされた。東京を中心とする首都圏にも北海道につぐ人口のアイヌの人々が暮らしている。東京駅の八重洲口に、公益財団法人アイヌ文化振興・研究推進機構の施設である**アイヌ文化交流センター**1がある。同センターはアイヌの人々の交流活動や、アイヌ文化の伝承活動などを支援するとともに、アイヌの人々と一般の人々との交流の場やアイヌ民族文化などに関する情報の収集・発信の場でもある。フロアにはアイヌ民族の工芸品が展示されており、アイヌ民族関連の研究資料や蔵書も豊富である。新大久保駅のすぐ近くに、北海道外で唯一のアイヌ料理専門店という**「ハルコロ」**（新宿区百人町1-10-1）がある。

琉球王国は1879年のいわゆる「琉球処分」を経て、日本国となった。まずは沖縄県物産公社が運営する**「銀座わした」**の地下フロアにある、**琉球伝統工芸館**2をのぞいてみよう。ここでは**「琉球びんがた」**をはじめとする国指定・沖縄県指定の伝統工芸品を見学・購入することが可能で、琉球三線などの体験教室も開かれている。

琉球の歴史や文化について学びたい時は、法政大学の**沖縄文化研究所**3がおすすめである。同研究所は沖縄が日本に復帰した1972年に設立され、沖縄の伝統文化や戦後社会に関する貴重な資料を所蔵してい

1アイヌ文化交流センター
中央区八重洲2-4-13
ユニゾ八重洲2丁目ビル3階
JR東京駅徒歩5分
問03-3245-9831

2沖縄物産の店「銀座わした」
中央区銀座1-3-9
🚉東京メトロ銀座一丁目駅徒歩1分
問03-3535-6991

3沖縄文化研究所
千代田区富士見2-17-1法政大学ボアソナード・タワー21階
🚉JR総武線市ヶ谷駅徒歩10分
問03-3264-9393

る。閲覧室は一般に公開されており、古代から現代まで沖縄に関する各ジャンルの書籍を自由に閲覧することができる（原則として平日公開）。

「沖縄学の父」と呼ばれる**伊《い》波《は》普《ふ》猷《ゆう》**ら著名な学者が住んでいたことなどを背景に、2005年にオープンした杉並区の**和泉明店街**は、**「沖縄タウン」**4として沖縄文化の発信に努めている。明店街の入口には首里城の柱を模した街路灯を設置し、食材を沖縄から取り寄せている「首里製麺」の沖縄そばをはじめとして各種の店舗が軒を並べており、東京で沖縄の文化を感じられるようになっている。

なお、上野の**東京国立博物館**の本館16室は、アイヌ・琉球文化に関する展示スペースとなっている。アイヌ民族関係の所蔵品は、紀州徳川家の16代当主で貴族院議員も務めた徳川頼貞《よりさだ》からの寄贈品が大半で、もともとは人類学者の坪井正五郎らが明治期から大正期にかけて北海道内やサハリン、千島《ちしま》列島で集めたものである。琉球関係の民族資料は、1884年に当時の農商務省が沖縄県から購入したものが基本になっている。定期的に展示替えがおこなわれるので、出かける前に博物館のホームページで確認しておくのがよいだろう。

4「沖縄タウン」杉並区
和泉明店街
杉並区和泉1-11-2
🚉京王線代田橋駅徒歩5分
問03-3325-6384

首里製麺の沖縄そば

06

列強の接近を感じる

18世紀後半から、列強が日本に通商を求めるようになった。「鎖国」政策を維持しようとする幕府は、外国船の接近にどのように対応したのだろうか。その足跡をたどってみよう。

18世紀後半以降、江戸幕府の支配は内外からの圧力で動揺が深まった。国内における一揆・打ちこわしの続発に加えて、鎖国政策を揺さぶる外国船の接近が本格化したのである。『三国通覧図説』に付されたこの地図は、そのような情勢のもとで海岸防備の重要性を説いた林子平《はやししへい》が、海防と蝦夷地《えぞち》開発の必要性を示すために描いたものである。ここでいう「三国」とは、朝鮮・琉球・蝦夷地を指す。

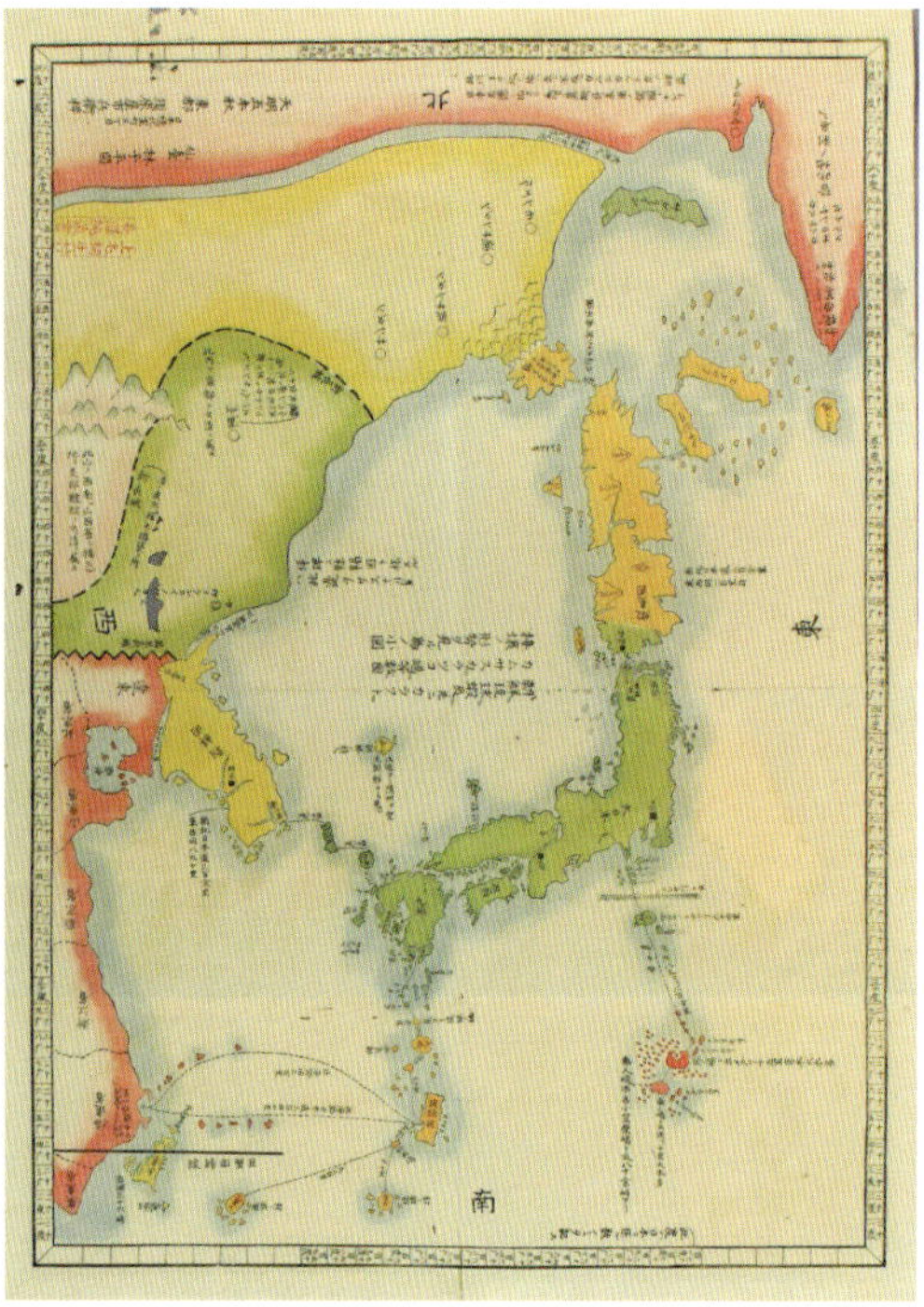

林子平『三国通覧図説』（早稲田大学図書館蔵）

１７９２（寛政４）年、ロシア使節ラクスマンが**漂流民の大黒屋光太夫《だいこくやこうだゆう》**1を連れて根室に来航した。ラクスマンは通商を求めたが、幕府は拒否し、長崎への入港許可証を与えて退去させた。この事件を受けて、１７９８年、幕府は**最上徳内《もがみとくない》**2や**近藤重蔵《こんどうじゅうぞう》**3らの蝦夷地調査隊を派遣して国後《くなしり》・択捉《えとろふ》島まで探査した。幕府の天文方で学んだ**伊能忠敬《いのうただたか》**4が**全国の測量を始めた**5のは、まさにこのような時期であった。伊能忠敬の測量の成果をもとに完成した「大日本沿海輿地全図《だいにほんえんかいよちぜんず》」は、はじめて実測された日本地図として、驚異的な正確さを誇った。

１８０４（文化元）年にロシア使節レザノフが長崎に来航し、皇帝の書を持参して通商を求めた。しかし、今度も幕府の拒否にあったため、蝦夷地で紛争が起こるなどロシアとの緊張関係が生じた。このため、幕府は１８０７年に松前《まつまえ》藩と蝦夷地を直轄化し、**間宮林蔵《まみやりんぞう》**6に樺太《からふと》を探査させて島であることを確認した。やがてロシアとの関係が改善されると、１８２１（文政４）年に幕府は蝦夷地の直轄を解除し、松前藩に返した。

ロシアの動きに続くように、イギリス船やアメリカ船も日本近海に出没するようになったので、幕府は１８２５年に異国船打払令《いこくせんうちはらいれい》を出すことで鎖国体制を維持しようとした。この法令に基づいて、１８３７年にモリソン号事件が起きると、蘭学者の渡辺崋山《わたなべかざん》は『慎機論《しんきろん》』、**高野長英《たかのちょうえい》**7は『戊戌夢物語《ぼじゅつゆめものがたり》』で幕府の外交政策を不当なものと批判したため、幕府に処罰された（蛮社《ばんしゃ》の獄《ごく》）。

1 海難供養碑《かいなんくようひ》（回向院）

墨田区両国2-8-10

回向院の境内にはいって左手、墓地の手前に石碑の立ち並ぶ一角がある。ここには海難事故に遭った人々を供養するための6基の碑があり、そのなかの1つに帆掛船《ほかけぶね》の形をしたものがある。これは1789年に三河平坂《ひらさか》の施主によって建立された供養碑で、「勢州白子三州高浜溺死一切精霊《せいしゅうしらこさんしゅうたかはまできしいっさいしょうりょう》」と刻まれている。帆の裏側をみてみると、白子の大黒屋光太夫や高浜の屋兵衛《やへえ》の名が刻まれているのがわかる。光太夫がロシアから帰国するとは、施主は夢にも思わなかったのであろう。帰国後の光太夫は江戸の番町《ばんちょう》薬園（現在の千鳥ヶ淵周辺）に軟禁されたが、学者と交流をかさねるなどして蘭学の発展に寄与した。なお、井上靖『おろしや国酔夢譚』は光太夫の漂流を題材にした歴史小説である。

MAP p102 E5

海難供養碑の表（左）と裏（上）

JR総武線、都営地下鉄両国駅徒歩3分
問回向院（03-3634-7776）

2 最上徳内の墓（蓮光寺《れんこうじ》）

文京区向丘2-38-3

最上徳内は江戸時代後期の探検家で、江戸で本多利明《ほんだとしあき》に師事した。1785（天明5）年に幕命による蝦夷地探査に加わり、その後も蝦夷・千島《ちしま》・樺太などを探査し、アイヌの人々の生活やロシア語に精通した。墓のある蓮光寺は大垣《おおがき》藩主の戸田家の廟所であり、最上徳内が加わった北方探査を立案した老中が戸田氏教《うじのり》であったとされるので、そこに同寺とのつながりがあると考えられる。徳内の墓は透明のケースで保護されており、右側には「贈《ぞう》正五位《しょうごい》最上徳内之墓」と刻まれた1911年建立の墓標がある。

MAP p103 B2

東京メトロ本駒込駅徒歩3分
問蓮光寺（03-3821-2155）

3 近藤重蔵の石像（正受院《しょうじゅいん》）

北区滝野川2-49-5

近藤重蔵は江戸時代後期の幕臣で、1798年に松前蝦夷御用取扱《ごようとりあつかい》となった。千島方面を探査し、択捉島に「大日本恵登呂府《だいにほんえとろふ》」の標柱を立てるなど、北方探査にあたった。正受院の境内には、高さ1m弱で、甲冑《かっちゅう》姿の石像がある。蝦夷地調査を終えて帰国した重蔵は、正受院の敷地に古書などをおさめる滝野川《たきのがわ》文庫を設立した。これを記念して谷《たに》文晁《ぶんちょう》に書かせた下絵をもとに石像をつくらせ、石神井《しゃくじい》川の上流の岩窟におさめた。その後、石像は明治初期に岩窟から現在の位置に移されたとされる。なお、文京区向丘《むこうがおか》の西善寺《せいぜんじ》には近藤重蔵の墓がある。本郷通りに面した葬儀場を抜けた墓地の奥に墓があるが、摩耗しているため文字はほとんど判読できない。

MAP p110 G2

JR京浜東北線、東京メトロ王子駅徒歩7分
問正受院（03-3910-1778）

4 伊能忠敬像（富岡八幡宮《とみおかはちまんぐう》）

江東区富岡1-20-3

MAP p104 E1

富岡八幡宮の大鳥居をくぐると、すぐ左手に伊能忠敬の像がある。測量家・地理学者として知られる忠敬は、50歳で隠居後に江戸へ転居、幕府天文方の高橋至時《よしとき》に師事した。1800年から沿岸を中心に測量を続け、後半生をかけた実測に基づく日本全図「大日本沿海輿地全図」の作成中に死去した。この像は2001年、測量開始から200年を記念して、関係者を中心に広く一般から寄付を募って建立されたものである。建立場所については、忠敬の旧宅が富岡八幡宮の近くであったことにちなむ。

🚉東京メトロ門前仲町駅徒歩5分
㈷富岡八幡宮（03-3642-1315）

コラム 伊能図を見学できる資料館
〔海洋情報資料館〕

海上保安庁海洋情報部に付属する海洋情報資料館に、伊能図の模写図が展示されている。海洋情報部は、沿岸の測量や海図・書誌の刊行など一連の海洋情報の業務を緊急の事業として、明治政府が1871年に全国の海図作成を開始したことに始まり、1948年に海上保安庁が発足した際にその一翼を担うことになった機関である。

資料館に展示されている伊能図（「豊後」「肥後」など）は、明治初期の海図作成にあたって参考とするべく原本から原寸大で模写されたものである。もともと江戸幕府に献上された原本は、1873年の皇居火災で焼失したため、伊能家から控え（副本）が再び献上されたが、こちらも1923年の関東大震災ですべて焼失したといわれている。そのため、原寸大で忠実に模写された本図はまことに貴重なものである。

伊能図のほかにも、展示室には明治期の海洋調査に関する機器や、日本で最初につくられた海図およびその原版などが並べられ、近年の海洋情報業務も紹介されており、大変興味深い。海洋情報資料館のホームページでは、展示されているさまざまな資料を「海図アーカイブ」で閲覧することもできる。なお、国土地理院や国立国会図書館のホームページでは、インターネット上で伊能図が閲覧可能である。

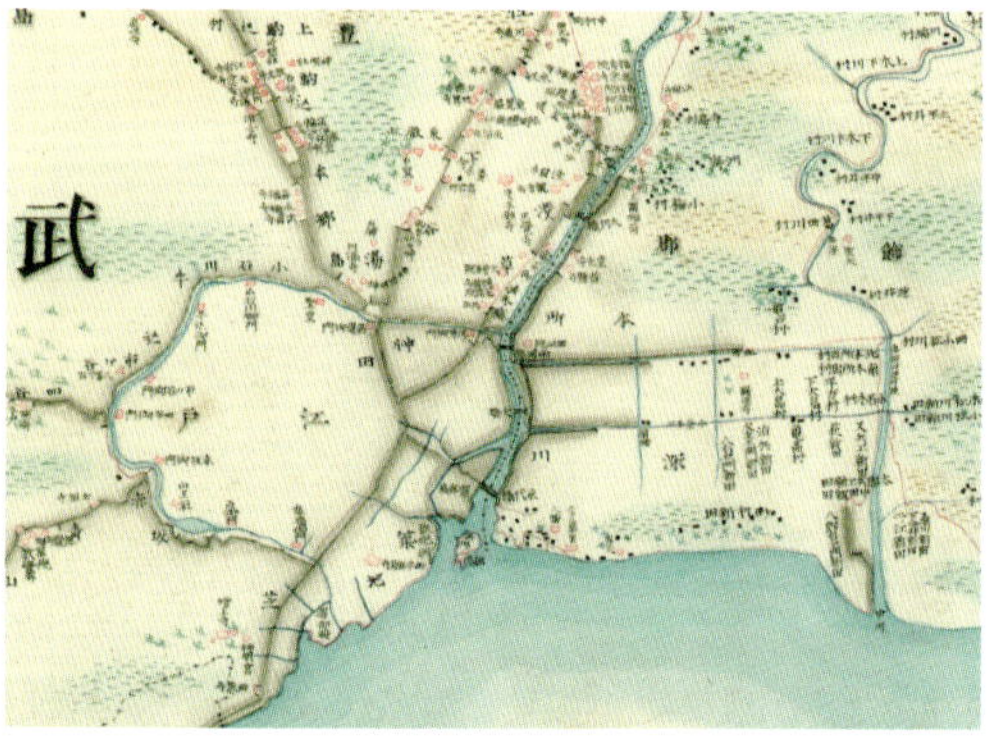

伊能図模写図　伊能氏実測第九十号武蔵相模

江東区青梅2-5-18
🚉新交通ゆりかもめテレコムセンター駅徒歩5分
㈷海上保安庁海洋情報部（03-5500-7139）
※平日13〜17時開館

5 伊能忠敬測《そく》地《ち》遺《い》功《こう》表

港区芝公園4-8　芝公園内

芝公園内にある丸山《まるやま》古墳の頂上広場に、日本地図のレリーフがめだつ「伊能忠敬測地遺功表」が立っている。これは、もともと1889（明治22）年に東京地学協会が伊能忠敬の功績を讃える目的で高さ8・5mの青銅製の角柱を立てたものが戦時中に失われてしまったため、1965年に地学協会の手で再建されたものである。なお、この地に建立された理由は、忠敬の測量の起点が高輪大木戸《たかなわおおきど》であった関係からだという。

MAP p105 A3

🚇都営地下鉄芝公園駅徒歩2分

6 間宮林蔵の墓

江東区平野2-7-8

北方探検家として知られる間宮林蔵は、1808年に幕府の命令により樺太《からふと》を探査し、島であることを確認した。その後、シベリア方面の探査にも参加し、やがて幕府の隠密として活動したという。晩年は深川に住み、死後は本立院《ほんりゅういん》に葬られたため、当時の墓地区域であった平野2丁目交差点の角に現在も墓がある。墓石には、水戸藩主の徳川斉昭《とくがわなりあき》が撰した「間宮林蔵蕪崇《ふすう》之墓」という文字がある。この墓は1945年に東京大空襲で焼失したため、翌年に間宮林蔵の子孫の手によって再建されたものである。

MAP p104 E1

🚇東京メトロ、都営地下鉄
清澄白河駅徒歩10分
㊐本立院（03-3641-6841）

間宮林蔵（茨城県つくばみらい市立
間宮林蔵記念館蔵）

7 高野長英記念碑

高野長英は陸奥水沢《むつみずさわ》出身の蘭学者で、シーボルトに医学を学び、江戸で開業した。1837年に日本人漂流民を送還するために来航したアメリカ船が砲撃により退去させられた事件（モリソン号事件）について著した『戊戌夢物語』で幕府の対外政策を批判したため、蛮社《ばんしゃ》の獄《ごく》でとらわれた。入獄中、火災が起こったことを利用して逃亡、江戸の青山百人町に潜伏していたが、幕府に追われて自害した。百人町は現在の表参道と青山通りの交差するあたりで、青山スパイラルホールの入口横に「高野長英隠れ家および自決の地の碑」がある。さらに青山交差点の角には信州善光寺別院があり、境内に高野長英のレリーフの彫られた碑が立っている。この碑は勝海舟《かつかいしゅう》の撰で、長英の死後、1898年に正四位《しょうしい》を授与されたことを記念して立てられたものである。

MAP p108 F2

善光寺高野長英レリーフ
港区北青山3-5-17
🚇東京メトロ表参道駅徒歩1分
㊐善光寺（03-3401-3915）

高野長英隠れ家および
自決の地の碑
港区南青山5-6-23
🚇東京メトロ表参道駅徒歩0分

07

江戸の夜明けを歩く

200年以上におよぶ「鎖国」政策からの転換は、日本にとって大きな変革であった。江戸に各国の公使館が設置され、正式な外交が始まる。江戸・東京を歩き、維新期の対外関係をさぐってみよう。

武州潮田遠景（一般財団法人黒船館蔵）

19世紀にはいると、海防のために三浦半島や房総半島南部において、台場[1]が新設された。1853（嘉永6）年、アメリカ東インド艦隊司令長官ペリー[2]が黒船と呼ばれた軍艦4隻を率いて浦賀沖にあらわれ、開国を求めると、幕府老中阿部正弘《あべまさひろ》は江戸湾にも台場を築き、大船築造の禁を解くなどの対策をとった。しかし、翌年7隻の艦隊を率いて再び来航したペリーの圧力に屈した幕府は日米和親条約[3]を結び、200年以上にわたる「鎖国」政策から開国へと転換した。

この条約締結を受け、1856（安政3）年、下田に着任したアメリカ総領事ハリス[4]は、強く通商を求めた。アロー戦争の結果など、欧米諸国を脅威に感じた幕府は、1858年、天皇の勅許が得られないまま日米修好通商条約[3]の締結を断行した。アメリカに続き、オランダ・ロシア・イギリス・フランスとも類似の条約（安政の五カ国条約）を結び、国内に各国の公使館[5]が設置された。オールコックやパークスらがイギリス公使として着任し、その書記官で、知日家で知られるアーネスト・サトウ[6]も来日した。

1860（万延元）年には、幕府は条約批《ひ》准《じゅん》のため外国奉行新見正興《しんみまさおき》を首席全権とする遣米使節[7]を派遣した。その際、護衛のため同行した幕府軍艦咸臨丸《かんりんまる》は、勝海舟[8]やジョン万次郎[9]らの尽力により、太平洋横断に成功した。しかし、この条約は領事裁判権の認可（治外《ちがい》法権）や関税自主権の欠如（協定関税）を定めた、日本にとって不平等条約であった。

1859年から横浜・長崎・箱館を開港して貿易が開始されたが、物価の上昇が庶民生活を圧迫するなど、貿易に対する反感から激しい攘夷運動が起こった。1860年にはハリスの通訳ヒュースケンが殺害[10]され、翌年にはイギリス仮公使館が水戸脱藩士によって襲撃される東禅寺事件も起こった。

1 台場（第三台場）

港区台場1丁目

MAP p105 C5、p110 G4、p103 A5

台場とは大砲をすえつける砲台で、江戸湾においては19世紀初期から築造された。品川台場は1853年のペリー来航を機に、江川太郎左衛門の意見により、11基の築造が計画された。実際には、第一・二・三・五・六の5基がつくられたが、第三台場と第六台場を残すのみとなっている。台場に使われた木材は御林《おはやし》があった鑓水《やりみず》村（現在の八王子市）から運ばれた。現在の第三台場はお台場海浜《かいひん》公園と陸続きになっており、砲台跡や玉置所・兵舎跡を見学することができる。

現在の品川区立台場小学校の地に御殿山下砲台跡がある。この御殿山下砲台は第四台場の築造が資金不足で頓挫《とんざ》したため、そのかわりにつくられたもので、他の台場と違い陸続きになっている。この地に立つ品川灯台は、第二台場にあった灯台のレプリカで、本物は国の重要文化財として明治村（愛知県犬山市）に移築されている。

靖国神社の遊就館には品川台場に設置されていた80ポンドの青銅製のカノン砲が収蔵されている。1855年に13代将軍徳川家定が台場に渡り、試射した以外は使用されることはなかった。

第三台場碑

第三台場内の砲台跡
🚉新交通ゆりかもめ、お台場海浜公園駅徒歩15分
㊂潮風公園事務所（03-5500-2455）

品川灯台（御殿山下砲台跡）
品川区東品川1-8-30
🚉京浜急行線北品川駅または新馬場駅徒歩7分

品川台場カノン砲（靖国神社遊就館蔵）
千代田区九段北3-1-1
🚉JR中央線、東京メトロ飯田橋駅または市ヶ谷駅徒歩10分、東京メトロ九段下駅徒歩5分
㊂靖国神社遊就館（03-3261-8326）

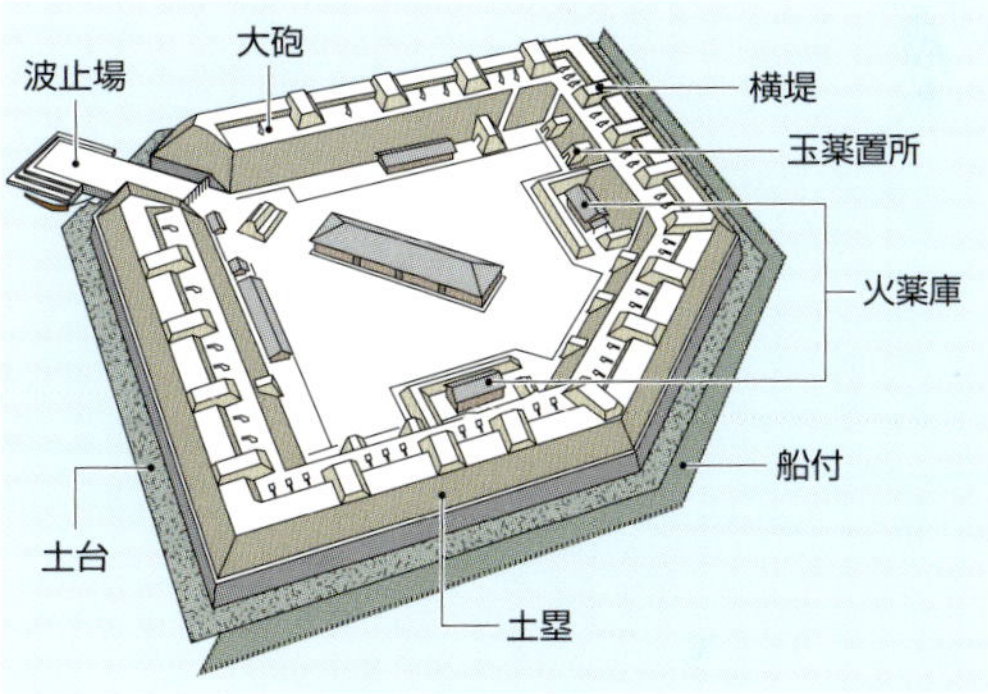

江戸時代の台場（下）とその見取図（上）
［出典］西ヶ谷恭弘監修『日本の城』世界文化社、2009年をもとに作成。

2 ペリー像

港区芝公園2-1

1853年、アメリカ東インド艦隊司令長官ペリーは黒船4隻で浦賀沖に来航し、翌年、日米和親条約を締結して日本は開国した。この像は1953年、日本開国百年記念祭を開催した時に東京都がペリーの出身地ロードアイランド州ニューポート市に石灯籠を贈った際、そのお礼として同市から寄贈されたものである。この像のペリーは、彼の写真や日本の版画に比べ、ハンサムにみえる。

MAP p105 A3

都営地下鉄芝公園駅徒歩2分

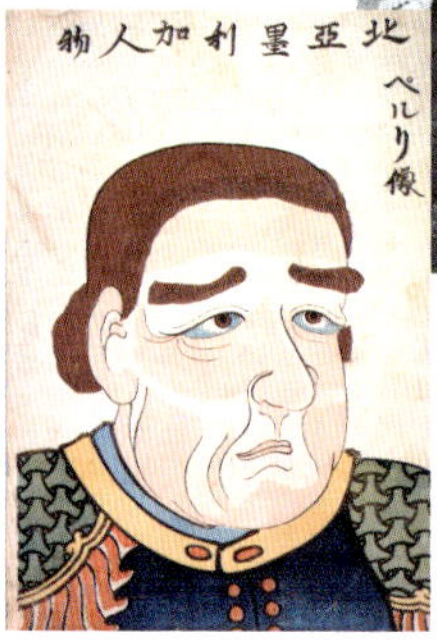

（横浜開港資料館蔵）

3 日米和親条約・日米修好通商条約（外交史料館別館）

港区麻布台1-5-3

外務省飯倉公館に隣接する外交史料館では、幕末以来の条約書や国書、外務省記録などの外交史料を保管しており、その一部を別館で展示している。常設展では日米和親条約や日米修好通商条約の批准書のレプリカをみることができる。

日米和親条約については、江戸城の火災で調印書の原本は残っておらず、批准書交換証書のみが残っており、日本全権の3人とアメリカ全権アダムスの墨書をみることができる。

日米修好通商条約は1858年に神奈川沖のアメリカ船ポーハタン号上で締結された。条約書は、日本全権井上清直《きよなお》と岩瀬忠震《ただなり》、アメリカ総領事ハリスとの間で調印された。

MAP p108 H2

東京メトロ六本木一丁目駅徒歩8分、六本木駅徒歩10分
問外交史料館（03-3585-4511）
※別館　土・日曜・祝日休館

4 ハリス記念碑・初代アメリカ公使館跡（善福寺）

港区元麻布1-6-21

初代アメリカ総領事として下田に着任したハリスは、通商条約の調印を強く求めた。1858年、大老井伊直弼は孝明天皇の勅許が得られないまま、日米修好通商条約の調印に踏み切った。これを受け、翌年、初代アメリカ公使館が善福寺に設置され、総領事から公使となったハリスらが駐留することとなった。

慶應義塾大学すぐ近くの善福寺には、初代アメリカ公使館跡として、ハリス記念碑がある。1960年に開催された日米修好通商100周年の際に再度立てられたものである（初代の顕彰碑は1935年建立）。境内には福沢諭吉の墓もある。

MAP p108 H3

都営地下鉄麻布十番駅徒歩5分、東京メトロ麻布十番駅徒歩4分
問麻布山善福寺（03-3451-7402）

5 公使館の設置

イギリス公使館跡（東禅寺）

港区高輪3-16-16

1859年、東禅寺内にはじめてのイギリス仮公使館が設置され、公使としてオールコックが着任した。しかし攘夷の嵐が吹き荒れると、1861年には水戸脱藩士による襲撃を受けた（第1次東禅寺事件）。これはオールコックが長崎から江戸に向かう際、幕府の勧めた海路ではなく陸路を選択したため、「神州日本が穢《けが》された」として水戸脱藩士が行動を起こしたとの説もある。東禅寺門前には、「最初のイギリス公使宿館跡」の碑が立つ。

JR山手線・京浜東北線品川駅徒歩10分
問東禅寺（03-3473-3245）

MAP p108 H5

フランス公使館跡（済海寺《さいかいじ》）

港区三田4-16-23

1859年、済海寺内にはじめてフランス総領事館が置かれた。1861年にはフランス公使館となり、1874年まで続いた。2代目の公使であったロッシュは、薩長を支援するイギリスに対抗して幕府を支援した。済海寺門前には、「最初のフランス公使宿館跡」の碑が立つ。

都営地下鉄泉岳寺駅徒歩8分
問済海寺（03-3451-1082）

MAP p108 H4

オランダ公使館跡（西応寺《さいおうじ》）

港区芝2-25-6

西応寺は、1858年に日英修好通商条約を締結するために来日したイギリス使節が宿泊した所である。翌年、寺内にはじめてオランダ公使館が設置された。しかし、1867年に薩摩藩邸屋敷襲撃事件の兵火にあい、公使館は伊皿子《いさらご》坂近くの長応《ちょうおう》寺（現存せず）に移転した。西応寺門前には、「最初のオランダ公使宿館跡」の碑が立つ。

都営地下鉄芝公園駅徒歩5分
問西応寺（03-3451-2276）

MAP p105 A4

6 アーネスト・サトウ縁《ゆかり》の地碑（法政大学）

千代田区富士見2-17-1

MAP p106 H5

アーネスト・サトウは、1862年に駐日イギリス公使館の通訳生として来日し、駐日公使のオールコックやパークスに書記官として仕えた。イギリスの対日政策を論じた『英国策論』を「ジャパン・タイムズ」に発表した。1895年には駐日全権公使として再来日している。また、彼の回想録『一外交官から見た明治維新』は、明治維新史の貴重な史料でもある。

法政大学市ヶ谷キャンパス内にある「アーネスト・サトウ縁の地碑」は、この地にサトウの屋敷跡があったことから、1981年に立てられた。

JR中央線・総武線、東京メトロ市ヶ谷駅または飯田橋駅徒歩10分
問法政大学総長室（広報課）
（03-3264-9240）

アーネスト・サトウ（鹿児島県歴史資料センター黎明館蔵）

7 万延元年遣米使節記念碑

港区芝公園2-2-20

外国奉行の新見正興は、1860年に首席全権として日米修好通商条約批准書を交換するためアメリカ軍艦ポーハタン号で渡米した。ワシントンでは、アメリカ大統領ブカナンに謁見し、正装して将軍の親書を提出したのち、国務長官と批准書を交換した。その際、勝海舟らによる咸臨丸も護衛の目的で派遣し、太平洋横断に成功している。

「万延元年遣米使節記念碑」は、1960年の日米修好通商100周年の際に立てられたもので、同じ芝公園内にあるペリー像と向き合う形となっている。

MAP P105 A3

「日米修好通商条約百年記念」の切手
切手には日米修好通商条約の批准書交換のため、アメリカ大統領ブカナンに謁見した新見正興ら遣米使節の様子が描かれている。

🚇都営地下鉄芝公園駅徒歩2分

遣米使節に贈られたブカナン大統領の肖像入り金時計とメダル（外交史料館別館）

8 勝海舟像

墨田区吾妻橋1-23-20 墨田区役所うるおい広場

幕臣であった勝海舟（義邦《よしくに》）は、1860年、咸臨丸の艦長として遣米使節に随行し、太平洋横断に成功した。また、戊辰戦争の際には西郷隆盛と江戸城無血開城について会見をしたことは有名である。しかし、咸臨丸では艦長にもかかわらず、船酔いが激しく、ほとんど寝ていたと伝えられる。

この像は、海舟が本所の生まれであることから、墨田区役所前のうるおい広場に2003年に立てられたもので、海舟は江戸湾にそそぎこむ隅田川を指さしている。

MAP P102 E3

🚇東武線、東京メトロ、都営地下鉄浅草駅徒歩5分
問03-5608-1111

咸臨丸（「咸臨丸難航図」木村家蔵、横浜開港資料館保管）

9 ジョン万次郎の墓

豊島区南池袋4-25-1　雑司ケ谷霊園1種15号19側1番

MAP p106 G2

ジョン万次郎（本名は中浜万次郎）は1840年に太平洋上で漂流し、アメリカ船により救助された。1852年、土佐に帰国し、通訳などとして活躍した。1860年の日米修好通商条約批准の際には、咸臨丸で勝海舟や福沢諭吉らとともに渡米している。その縁でジョン万次郎は勝海舟と親しく、浅草にある老舗の鰻屋「やっ古《こ》」には2人がつれだって立ち寄ったと伝えられている。

その万次郎は雑司ケ谷霊園に眠っているが、墓石が損傷しているのは東京大空襲によるものである。

やっ古
台東区浅草1-10-2
東京メトロ田原町駅徒歩3分
問03-3841-9886　※水曜休

足摺岬のジョン万次郎像

東京メトロ東池袋駅または雑司が谷駅徒歩10分
問雑司ケ谷霊園管理事務所（03-3971-6868）

10 ヒュースケン殺害事件現場（中之橋）

港区東麻布1-30先から三田1-2先

MAP p108 H3、p105 A3

ヒュースケンは、1856年、ハリスの秘書兼通訳として来日した。しかし、1861年、赤羽橋（現在の港区東麻布・港区三田）にあった赤羽接遇所（外国人のための宿舎兼応接所で、通商条約を調印した地）から麻布の善福寺にあるアメリカ公使館に戻る途中、中之橋付近で攘夷派の薩摩藩士らに襲われ、28歳の若さで死去した。光林寺（港区南麻布4-11-25）内の墓に埋葬されている。

現在の中之橋の橋梁《きょうりょう》中央部にはヒュースケン殺害事件に関するプレートが設置されている。また、中之橋近くの飯倉公園には、赤羽接遇所があった地としての説明板が立っている。

中之橋

ヒュースケン殺害事件に関するプレート

赤羽接遇所跡（飯倉公園）
港区東麻布1-22
都営地下鉄赤羽橋駅徒歩1分

08

築地居留地跡を歩く

1858年の日米修好通商条約により、神奈川（実際には横浜）や長崎の開港とともに、江戸や大坂の開市も約され、1869年に江戸開市場《かいしじょう》として築地居留地《つきじきょりゅうち》が開かれた。文明開化の地を歩いてみよう。

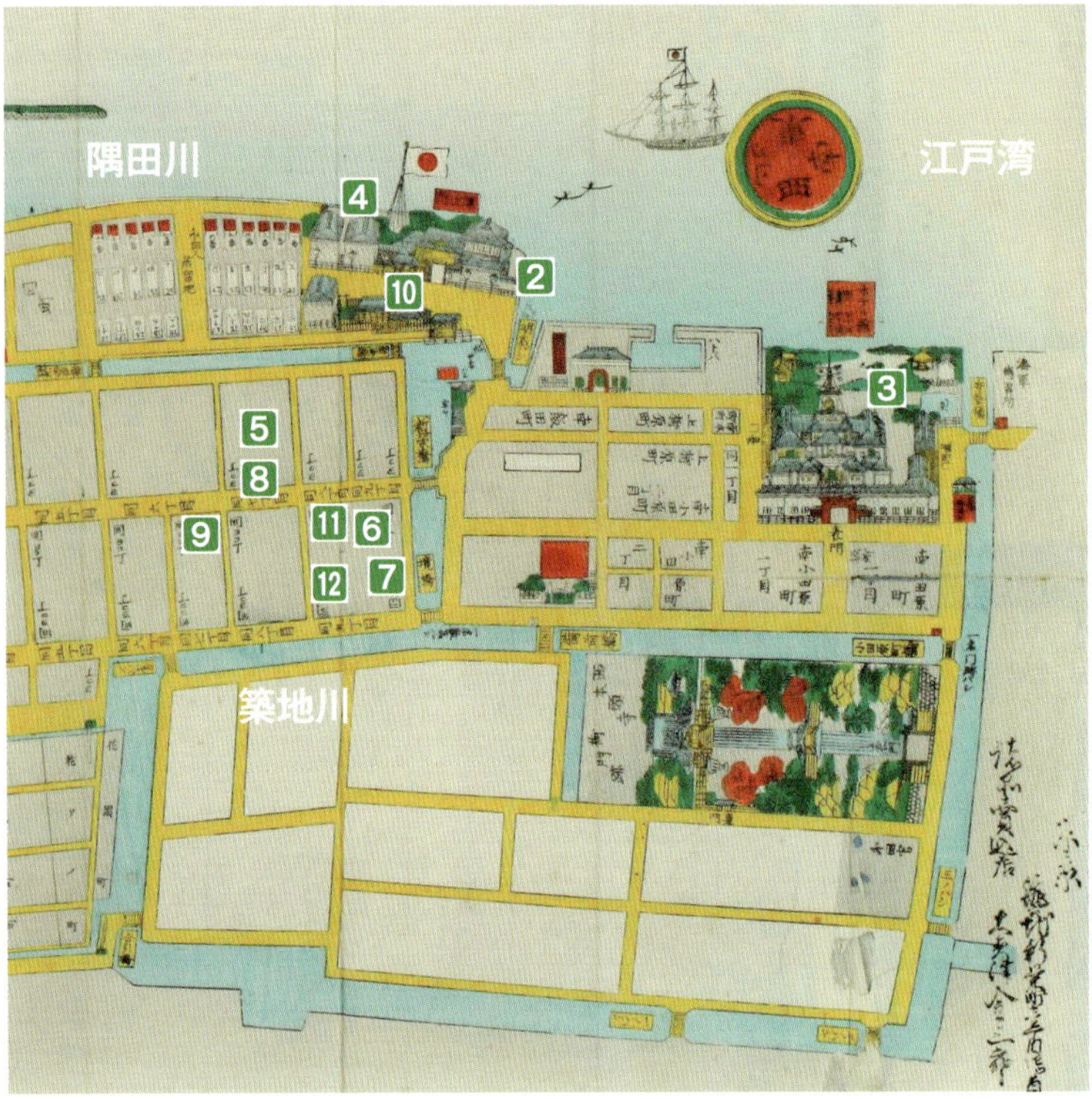

「東京府築地鉄炮洲居留地中繪圖」（早稲田大学図書館デジタルアーカイブ）
作者は歌川国輝。作成年は不詳だが、1869年の築地居留地開設から1872年の銀座大火で築地ホテル館が焼亡するまでのあいだである。

江戸開市場として開かれた**築地居留地**と開港場の横浜間は、1872年に**新橋停車場**1と横浜停車場が鉄道で結ばれるまで、小型蒸気船や馬車で往来していた。

当時を伝える**「東京府築地鉄炮洲《てっぽうず》居留地中繪圖《えず》」**は、画面上下を東西、左右を北南として描いており、画面上部（東側）に隅田川《すみだ》から江戸湾が広がる。日の丸を掲げている建物は**東京運上所《うんじょうしょ》**（税関）2。運上所右側（南側）に建っているのが擬洋風《ぎようふう》建築の**築地ホテル館**3である。築地川を隔てて下（西側）に描かれているのが**築地本願寺**にあたる。築地居留地は、この絵図の隅田川、築地川（右・南側から築地本願寺東側を通り鈎《かぎ》の手型に屈曲《くっきょく》）に囲まれた部分である。

大型船の入港可能な横浜に対して、築地居留地付近は水深が浅かったので貿易面ではふるわず、おもに居住したのは外交官で、**アメリカ公使館**4をはじめ、**フランス・ドイツ・スペインなどの公使館・領事館**がおかれた。外交官とともに多かったのが宗教関係者であった。米国長老教会、米国聖公会《せいこうかい》、スコットランド一致長老教会、カナダ・メソジスト教会、フランス・カトリック教会など十三教派のミッション（伝道本部）がはいってきており、**築地天主堂**（関東大震災で崩落）・**築地教会**5などが建てられ、**立教学院**6・**青山学院**・**関東学院**・**女子学院**7・**暁星学園**8・**雙葉学園**9など、現在、東京や横浜にあるミッションスクールの多くが、この築地居留地を発祥の地としている。また、**フォールズ**10、**トイスラー**11らの宣教医師が赴任したことから、**聖路加《せいろか》国際病院**12なども建てられることとなった。

1 旧新橋停車場

港区東新橋1-5-3

開港場である横浜と首都東京の築地、両方の居留地を結ぶ新橋―横浜間の鉄道は1872年に開業した。旧新橋停車場鉄道歴史展示室では、当時の停車場の様子をうかがい知ることができる。新橋を下車すると、文明開化の象徴たる煉瓦造りの銀座をはさんで、築地ホテル館、築地居留地がある。

MAP p105 B2

「東京汐留鉄道館蒸気車待合之図」(早稲田大学図書館蔵)

JR山手線・東京メトロ新橋駅徒歩5分
問 旧新橋停車場 鉄道歴史展示室(03-3572-1872)

2 運上所跡、電信創業之地碑

中央区明石町14-19

築地居留地には税関事務や外国人の訴訟事務を扱う東京運上所が設けられたが、水深の浅い築地付近は大型船が入港できず、貿易自体はふるわなかった。しかし、貿易や裁判の必要性から、1869年に開港場の横浜裁判所とのあいだに日本最初の電信線が架設された。東京運上所跡の碑は料亭治作の看板脇、電信創業之地碑はあかつき公園向かいの都営住宅植込みにある。

MAP p105 C2

東京運上所跡の碑

電信創業之地碑
東京メトロ築地駅徒歩8分
問 中央区観光協会(03-6228-7907)

3 築地ホテル館跡

中央区築地6-20

新橋停車場を設計したアメリカ人ブリジェンスが、築地居留地に南接する海軍繰練所跡地に設計したのが築地ホテル館である。施工はゼネコン清水建設につながる清水喜助《きすけ》で、在来技術をもって西洋建築に挑んだ擬洋風建築である。1868年の完成から5年後に焼失している。築地市場立体駐車場前の歩道に軍艦繰練所跡碑があり、ホテルの立体模型はタイムドーム明石にある。

MAP p105 C2

「東京築地鉄炮州景」二代国輝画(タイムドーム明石蔵)

築地ホテル館模型
(タイムドーム明石)
中央区明石町12-1
中央区保健所等複合施設6階

東京メトロ築地駅徒歩7分
問 タイムドーム明石(03-3546-5537)

4 アメリカ公使館跡

中央区明石町8-1　聖路加ガーデン2階親水公園内

ハリスが麻布の善福寺に開いたアメリカ公使館は、1875～90年に赤坂葵《あおい》町に移るまで築地居留地内にあった。1876年、この地でアメリカ独立100周年を迎え、その折に彫られた「星」「白頭鷲《はくとうわし》」「盾」のモニュメントが、聖路加ガーデン2階親水公園内の植込みと聖路加国際大学のトイスラー館前に残されている。

MAP p105 C2

東京メトロ築地駅
徒歩10分
問聖路加ガーデン
(03-3248-6820)

5 築地教会

中央区明石町5-26

フランスのカトリック教会の築地天主堂は、ゴシック式赤煉瓦造り、長崎大浦天主堂にも匹敵する聖堂であったと伝えられる。関東大震災で崩壊、1927年に完成した新聖堂（現在の築地カトリック教会）はドーリア式柱頭をもつエンタシスの柱が特徴で、パルテノン神殿形式の教会となった。現在、東京都の歴史的建造物に指定されている。

MAP p105 C2

東京メトロ築地駅徒歩5分
問築地教会(03-3541-8185)

6 立教学院発祥の地碑

中央区明石町10　聖路加国際大学キャンパス内

1873年に赴任した米国聖公会宣教師ウィリアムズの創設。築地居留地が全焼した1876年の火事で活動は中断。ハーバード大学で建築学を修めたガーディナーが、1882年に尖塔・寄宿舎・礼拝堂を備えた煉瓦造りの立教大学校を新築した。1921年、池袋に移転、翌年立教大学となった。聖路加看護大学旧館敷地に立教学院発祥の地碑がある。

MAP p105 C2

東京メトロ築地駅徒歩5分

7 女子学院発祥の地碑

中央区明石町10　聖路加国際大学キャンパス内

1876年、横浜から移ってきた米国長老教会宣教師カロザース夫妻が居留地6番に開設したA6番女学校が起源。この学校は夫妻と長老教会の宣教医師ヘボンとの対立から閉鎖されるが、紆余曲折《うよきょくせつ》のすえ、女性宣教師ヤングマンの設立した新栄女学校に吸収され、女子学院となった。聖路加看護大学旧館の敷地内に女子学院発祥の地碑がある。

MAP p105 C2

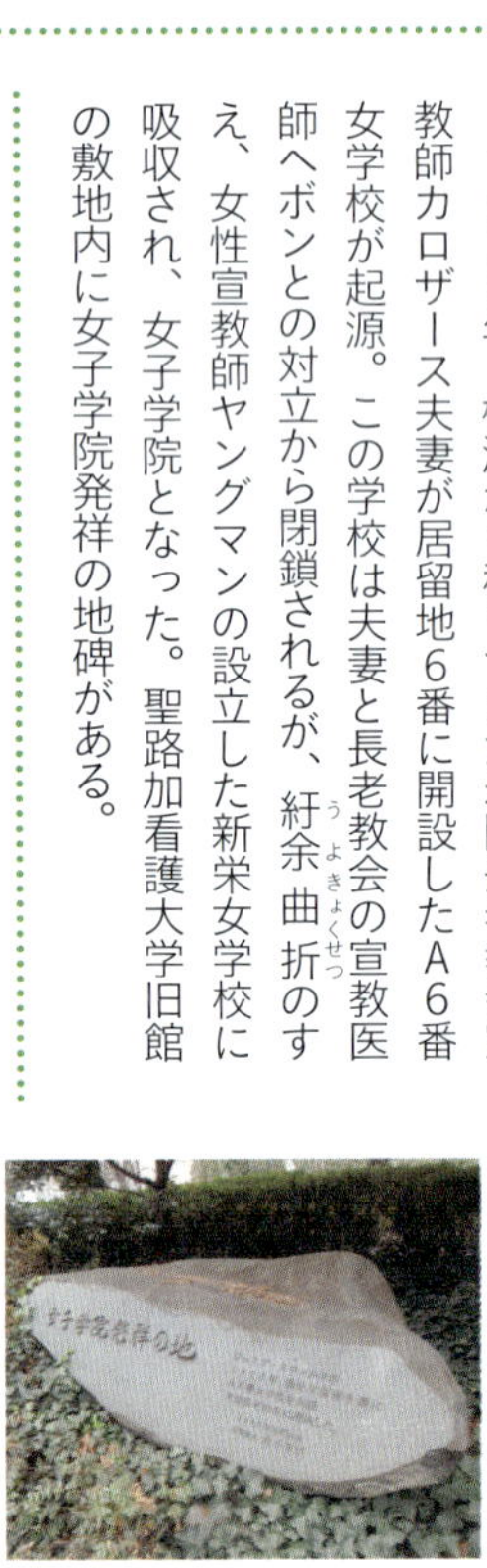

東京メトロ築地駅徒歩5分

8 暁星学園発祥の地碑

中央区明石町7

1888年、フランスの聖マリア会修道士たちが、築地教会の一角に始めた家塾が暁星学園の起源である。暁星とは夜明け前、すなわち暁に輝き、太陽を導く星のことで、キリスト教では太陽をもってあらわされるキリストを導く聖母マリアを指すといわれる。1890年に現校地の九段に落ち着いた。築地教会前に発祥の地碑が立っている。

MAP p105 C2

東京メトロ築地駅徒歩5分

9 雙葉学園発祥の地碑

中央区明石町1-6

1875年、フランスのサンモール修道会の修道女マザー・マチルドが設立した孤児院が起源。やがて小学校から高等中学校まで一貫して教育する高等仏和女学校に発展し、1909年に雙葉高等女学校と改称、翌年麹町に移転した。雙葉葵に校訓の「徳に於いては純真に、義務に於いては堅実に」を刻んだ雙葉学園発祥の地碑が築地教会の道向かいにある。

MAP p105 C2

東京メトロ築地駅徒歩5分

10 フォールズ住居跡（指紋研究発祥の地）

中央区明石町8先

MAP p105 C2

1875年にスコットランド一致長老教会から派遣された宣教医師ヘンリー・フォールズは、布教活動の一方で医療活動に従事した。指紋から犯人特定が可能とイギリスの科学雑誌『ネイチャー』に論文を発表したことで知られる。一説に大森貝塚の縄文土器に残る指紋から、一説に日本で売買証文などに押捺される拇印《ぼいん》から興味を抱いたとされる。

ヘンリー・フォールズ（日本滞在中に撮影したもの、筑波大学蔵）

東京メトロ築地駅徒歩5分
問 中央区観光協会（03-6228-7907）

11 トイスラー記念館

中央区明石町10　聖路加国際大学キャンパス内

MAP p105 C2

聖路加国際病院の創設者ルドルフ・ボリング・トイスラーは1900年に米国聖公会の宣教医師として来日した。医療を支える人材の育成にも熱心で、1920年に聖路加高等看護婦学校（現在の聖路加国際大学）を創設した。記念館は1933年の竣工で、外壁に柱や梁を表現したハーフティンバー様式の意匠になっている。隅田川畔にあったが現在地に移転した。

東京メトロ築地駅徒歩5分
問 聖路加国際大学（03-3543-6391）

東京メトロ築地駅徒歩5分
問 聖路加国際大学（03-3543-6391）

12 聖路加国際病院（聖路加国際大学旧館）

中央区明石町10-1　聖路加国際大学キャンパス内

1901年にトイスラーが創設した病院は、翌年、聖路加病院と改称されている。新約聖書に載る福音書「ルカ伝」の作者とされる聖ルカは、聖パウロの布教に同行したギリシアの医者で、欧米では医療をもって人々を救う守護聖人として病院の名称に冠されることが多い。貧しい施療患者を診察するため、皇室や大隈重信の後援を得て、三井・三菱の献金を元手に運営された。関東大震災で壊滅したが、内外の支援を受け、1933年にチェコ出身のアントニン・レイモンドを設計者とするネオ・ゴシック様式の聖路加国際病院として復興された。チャペルおよび付属する旧病棟は東京都選定歴史的建造物の選定を受けている。

MAP p105 C2

09 文明開化と東京

明治にはいり、日本に西洋文明が急速に流入した。社会制度や人々の習慣・風俗は大きく変化していった。新たに首都となり、江戸から名を変えた東京は、文明開化の中心地でもあった。

「東京開化名勝京橋石造銀座通り両側煉化石商家盛栄之図」(歌川広重、東京都江戸東京博物館蔵)

明治政府は殖産興業・富国強兵をめざし、一連の政策を進めていった。そのなかには、洋食の奨励もあった。ナイフとフォークを用いてテーブルマナーに気を遣う**西洋料理**1が上流階級のものなら、庶民にとっての文明開化の味は**牛鍋**《ぎゅうなべ》2であった。肉食への抵抗感をやわらげたのが牛肉を和風鍋で煮込む調理法で、これにより肉食が庶民にも普及していった。

明治後半には、牛肉が高価になるなかで、豚肉の消費が伸びていき、**とんかつ**34が日本の洋食として人気を博する。大正末期には、カレーや**コロッケ**5などの洋食が庶民の食卓に並ぶようになった。食生活の洋風化は主食にもあらわれ、**あんぱん**67のヒットをきっかけに、パン食が日本人の生活に浸透していくようになった。

文明開化を象徴する乗物が鉄道である。日本ではじめて旅客鉄道が走ったのは1872(明治5)年の新橋─横浜間であることはよく知られている。発祥の地である**新橋停車場**8は、錦絵にも描かれた。

新たな通信や貨幣の制度もまた、文明開化の産物であった。飛脚《ひきゃく》にかわる**郵便制度が始まり**910、1873年には全国均一料金の郵便網が整い、安価で簡便に文書を届ける仕組みとして、人々の生活を便利にした。また、新貨条例によって生まれた**円を単位とする新たな貨幣**11には、近代的な偽造防止の工夫も取り入れられるようになった。

居留地に近い銀座などにつくられた煉瓦街に設置されたのが、**ガス灯**12である。これもまた文明の灯りとして夜の街を照らし、人々の夜に対する感覚を大きく変えた。**民間事業としてのガス会社**1314も生まれ、ガスは生活のさまざまなところで用いられるエネルギーとなった。

1 上野精養軒《せいようけん》

台東区上野公園4-58

1872年、日本におけるフランス料理店の草分けとして、三条実美《さんじょうさねとみ》、岩倉具視《いわくらともみ》の支援を受け、精養軒を築地采女《うねめ》町で開業したのは、北村重威《しげたか》であった。当時は牛肉を食べたことがある日本人がほとんどおらず、西洋料理が極めて珍しい時代であったが、精養軒の誕生以降、フランス料理は普及していく。西洋料理のマナーを身につけるため、海軍士官や上流婦人が多く利用したという。

1876年には、上野公園開園にともない、現在の地に「上野精養軒」が誕生した。築地の店は鹿鳴《ろくめい》館《かん》時代の華やかな社交場として内外の王侯貴族や各界の名士が集《つど》い、ときに歴史的な会談の舞台にもなったが、関東大震災で全焼した。その後、上野が本店となっている。

MAP p103 C3

JR上野駅徒歩5分
問03-3821-2181

2 今朝《いまあさ》

港区東新橋1-1-21

東京の芝に外国人向け屠牛場《とぎゅうじょう》ができると、牛鍋屋の流行は広がり、「牛肉は滋養《じよう》によい」という福沢諭吉の影響もあって、日本人向けに牛鍋を食べさせる店もあらわれた。それ以降の牛食は文明開化の象徴となり、東京各地に多くの牛鍋屋が生まれた。1877年には500件を超えたという。

その流れのなか、1880年に「今朝」が創業した。初代店主藤森今朝次郎《けさじろう》が修業した店「今廣」と店主の名前から生まれた屋号である。当時は肉の臭みを消すために味噌仕立てが多かったが、「今朝」では最初から醤油仕立ての割下《わりした》を使っていたそうである。

130年を超える歴史を誇る老舗であるが、昼食時はパワーランチのサラリーマンで賑わう。

MAP p105 B2

牛鍋の図
(『安愚楽鍋』、早稲田大学図書館蔵)
JR山手線、東京メトロ新橋駅徒歩3分
問03-3572-5286

3 煉瓦《れんが》亭

中央区銀座3-5-16

銀座ガス灯通りに面した煉瓦亭は、1895年に木田元次郎《きだもとじろう》が、本格的なフランス料理店として創業した。開店当初はバターや香辛料など西洋食材を用いた料理を出していたが、まだ西洋料理が珍しく、敬遠されがちだったという。

そのなかで木田が日本人の口に合う料理をと1899年に生み出したのが、ポークカツレツ。仔牛肉のスライスにパン粉をつけ炒め焼きする、フランス料理のコートレットをヒントに考案され、薄切りの豚肉にパン粉をつけ、天ぷらのように多量の油で揚げたものである。生の刻みキャベツをそえて、ウスターソースをかけて食べるのもこの店で始めた。とんかつのルーツとされている。

MAP p105 B1

東京メトロ銀座駅徒歩3分
問03-3561-3882

4 ぽん多本家

台東区上野3-23-3

大正から昭和期にかけて「とんかつ」が普及してくるが、1905年創業の「ぽん多本家」はそのなかでも老舗で、今でも上野のとんかつ御三家に数えられる洋食店である。

「とんかつ」という言葉のルーツは定かではないが、上野御徒町《おかちまち》にあった「ポンチ軒」の島田信二郎は、日本のカツレツの生みの親とされている。宮内庁大膳《だいぜん》寮《りょう》で西洋料理を担当しており、ウィーン風仔牛のカツレツをヒントに、厚切りの豚肉を天ぷらの調理法で揚げたポークカツレツを考案した。ナイフとフォークを使わずにすむよう包丁で切って出し、箸で食べられるようにした。この技を受け継ぎ、ご飯に合う洋食として提供しているのが、「ぽん多本家」である。

MAP p103 C4

JR山手線・京浜東北線
御徒町駅徒歩3分
問03-3831-2351

5 チョウシ屋

中央区銀座3-11-6

MAP p105 C1

コロッケは、フランス料理のつけ合わせとして出される揚げ物のクロケットがなまったものである。西洋料理として登場したコロッケは、いわゆるクリームコロッケで、洋食店などで食べられていた。これが庶民の惣菜の代表格といえるポテトコロッケになったのが大正期で、お肉屋さんの定番惣菜としてはじめて売り出したのが、1927年創業のチョウシ屋である。歌舞伎座の裏手の路地にある店は、創業当時の懐かしい雰囲気がある。

コロッケをはじめとする揚げ物単品の「おかず」と、それらを食パンかコッペパンにはさむ「サンドウィッチ」の2種類が選べる。

東京メトロ、都営地下鉄東銀座駅徒歩3分
問03-3541-2982

6 銀座木村家

中央区銀座4-5-7

MAP p105 B1

1869年、武士出身の木村安兵衛《やすべえ》が、日本ではじめてのパン屋を開業した。パン食になじめない日本人の嗜好にあったパンを生み出そうと、木村が苦心をかさねて考案したのが、小豆餡《あずきあん》をパン生地でくるみ、酒種酵母菌《さかだねこうぼきん》で発酵させた「酒種あんぱん」である。これは人々の人気を博し、1875年には侍従の山岡鉄舟《やまおかてっしゅう》より明治天皇にも献上された。このとき、従来のケシにかえて慶事に用いられる八重桜の塩漬けを中央にそえたのが看板商品「桜あんぱん」の始まりである。

元祖の味を楽しむなら、やはり銀座の本店である。7・8階でパン製造がおこなわれており、焼きたてが階下のカフェやショップに運ばれている。

東京メトロ銀座駅徒歩すぐ
問03-3561-0091

7 木村安兵衛・ぶんの墓(東禅寺)

台東区東浅草2-12-13

MAP p102 E2

1889年、73歳で木村安兵衛が亡くなったあと、安兵衛の妻ぶんと3代目当主になるはずであったが家を離れていた儀四郎《ぎしろう》の妻ゆうが店を切り盛りしていた。木村屋の発展はここでとだえるかに思われたが、儀四郎は1895年の春、家業に復帰し、ジャムパンを開発するなど、さらに店を発展させた。

女性の地位が高くなかった当時、男性の職人を使いこなして銀座の店を守り切ったのがぶんで、ぶんの手腕がなかったら、今の木村屋はないかもしれない。すべてを儀四郎に譲り、1897年にぶんはこの世を去った。

木村安兵衛・ぶん夫妻が眠る東浅草の東禅寺には、2人の銅像がある。また、「麺麭祖《ぱんそ》の由来」顕彰碑もある。

JR常磐線、東京メトロ南千住駅徒歩12分
問東禅寺(03-3873-4212)

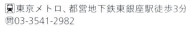

8 旧新橋停車場鉄道歴史展示室

港区東新橋1-5-3

汐留《しおどめ》の高層ビルのあいだに旧新橋停車場鉄道歴史展示室がある。ここは汐留駅の跡地再開発のなかで旧新橋停車場駅舎やプラットホームの礎石が発見され、国の史跡となり、その後、開業当時の駅舎が可能な限り再現された。

ここでは、発掘遺物などからわかる汐留の歴史とともに、明治期に日本の近代化を牽《けん》引《いん》した鉄道の発展と影響について資料展示をおこなっている。年3回の企画展では鉄道とさまざまなものとのかかわりを紹介している。

1階展示室の床の一部はガラス張りで、開業当時の駅舎基礎石の遺構がみられる。建物の裏手には鉄道の起点であった「0哩標識《ぜろまいるぽすと》」が、当時とまったく同じ位置に再現され、当時のプラットホームとレールが復元されている。

MAP p105 B2

JR山手線、東京メトロ新橋駅徒歩5分
問03-3572-1872

9 郵便発祥の地

中央区日本橋1-18-1

昭和通りに面した日本橋郵便局の入口に、前島密《ひそか》の銅像が立っており、台座に「郵便発祥の地」と書かれている。ここは近代郵便制度が発足したときに、駅逓司《えきていし》と郵便役所が設置された場所である。前島密は郵便制度の確立に力をそそぎ、今も使われている「郵便」「葉書」などの言葉をつくり出した人物で、1円切手に描かれている。

料金が高く身分によって利用できる仕組みに差があった江戸時代の飛脚制度にかわり、国が管理して全国どこでも一律の料金で文書を届けるシステムは、当時としては夢物語のように思われた。しかし、前島の粘り強さにより実現に漕ぎつけた郵便制度は、近代国家の基礎を支える制度の1つとなった。この像は郵便創業90周年を記念して、1962年に立てられた。

MAP p103 C6

末広東京名所江戸橋駅逓局錦絵
（郵政博物館蔵）

1円切手

東京メトロ、都営地下鉄日本橋駅徒歩3分
問日本橋郵便局（03-3277-6807）

10 郵政博物館

墨田区押上1-1-2　東京スカイツリータウン・ソラマチ9F

かつて大手町にあった逓信《ていしん》総合博物館が、2014年、東京スカイツリータウン内で郵政博物館として新たにオープンした。郵便および通信に関する資料を展示・紹介している。140年以上の歴史をもつ日本の郵便の歴史を学べるほか、33万種以上の切手の展示、体験・体感コンテンツの配達シミュレーター『Go！ Go！ ポストマン』で郵便配達を疑似体験できるなど、最新の技術を用いて楽しめる博物館である。

国の重要文化財のブレゲ指字電信機もみることができる。これはフランスのブレゲ社が19世紀に製作した電信機で、送信機のレバーを回転させ目的の文字を示すと、受信機の針が回転し文字を指す仕組みで、簡便な通信機としてモールス方式が普及するまで活躍した。重要文化財は期間限定で展示されている。

MAP p102 F3

ブレゲ指字電信機

東武スカイツリーライン、東京メトロ押上駅徒歩8分
問03-6240-4311

11 日本銀行金融研究所貨幣博物館

中央区日本橋本石町1-3-1

2015年に開館以来の展示を一新して、リニューアルオープンした。日本のお金の歴史をわかりやすく概観することができる博物館である。

黎明期の日本近代貨幣史を象徴する資料の1つが「明治通宝」、通称「ゲルマン紙幣」である。これは、まだ日本には偽造防止のための近代的な印刷技術がなかったため、ドイツの印刷会社に依頼して製造した紙幣である。

黒色で凹《おう》版印刷された主模様と、青色で凸《とつ》版印刷された地紋が組み合わされている。凹版による細密な絵柄の主模様と、凸版による色鮮やかな地紋のかさね刷りは、ヨーロッパで発達した近代的なお札の印刷方式で、和洋折衷の外観に日本のお札の近代化の過程をみることができる。

MAP p103 C6

「明治通宝」の表面（左）と裏面（右）

東京メトロ三越前駅
徒歩1分
問03-3277-3037

12 銀座ガス灯通り

中央区銀座1〜4丁目

1874年、東京でガス製造工場が稼働し、金杉橋《かなすぎばし》から京橋までのあいだに85基のガス灯が設置され、灯りがともされた。この計画を立てたフランス人技師アンリ・プレグラン直筆のガス灯の埋設管図の原図をみると、ガス灯は銀座通りに立てられており、銀座には今もガス灯通りと名のつく通りが残っている。

当時は、点消方《てんしょうかた》という職のものが点火棒をもって、夕方に点火、朝に消火していた。ガス灯は、自然光のなかで生活していた人々に新鮮な衝撃をもたらした。1888年に、今の銀座3丁目あたりに発電所が建てられ、はじめて銀座に電気灯がつくと、ガスは照明よりも熱源として活用されていくようになる。

ガス灯の錦絵
（東京ガス ガスミュージアム蔵）

🚉東京メトロ銀座駅徒歩2分

MAP p105 B1

13 瓦斯《ガス》事業創業記念碑

港区海岸1-5-20

JR浜松町駅南口から歩道橋をたどっていくと、東京ガスの本社ビルに着く。その敷地内に瓦斯事業創業記念碑がひっそりと立っている。

東京のガス事業は、当初、官営事業として計画され、1873年12月にガス供給を開始した。のちに民間に払い下げられ、1885年、渋沢栄一らが芝区浜崎町に東京瓦斯会社（現在の東京ガス）を設立した。以後、ガスの用途も街灯から燃料に転換し、生産量も急増していった。この地にあったガス製造工場は廃止されたが、1935年の創立50周年を期に、この地がかつてガス供給の源と会社創業の地であったことを記念して碑が建立された。

🚉JR山手線・京浜東北線浜松町駅徒歩5分

MAP p105 B3

14 ガスミュージアム

小平市大沼町4-31-25

ガス灯館では、文明開化の象徴であるガス灯と、その時代の錦絵などを展示し、日本のガス灯の誕生と普及事業、ガス灯とともにあった人々の暮らしが紹介されている。スタッフによる裸火、マントルガス灯、花ガスの3つのガス灯の点灯実演もおこなわれる。

くらし館では、料理や暖房・お風呂など、生活のさまざまな場面で使われてきたガス器具が展示されているほか、東京ガスのポスターやCMなどをみて、懐かしい気分にもひたれる。

それぞれの建物も、明治42年建築の東京ガス本郷出張所の建物と、明治45年建築の東京ガス千住工場計量器室を移設・復元したもので味わい深い。庭園には実際に使われていた貴重なガス灯が移築され、灯りをともして公開されている。

MAP p110 D2

🚉JR中央線武蔵小金井駅からバス「ガスミュージアム入口」徒歩3分
問042-342-1715

花ガスの点灯実演

新宿中村屋のカリーとボルシチ

新宿東口にある老舗の新宿中村屋。このお店で定番メニューとなっているカリーライスやボルシチには由来がある。なぜお店で提供されるようになったのだろうか。

新宿中村屋
新宿区新宿3-26-13
JR新宿駅徒歩2分・東京メトロ新宿駅徒歩0分（A6出口直結）
㊐中村屋お客様サービスセンター（0120-370-293）／中村屋サロン美術館（03-5362-7508）

中村屋の創始者相馬愛蔵《そうまあいぞう》は長野県安曇野《あずみの》生まれで、東京専門学校（現在の早稲田大学）を卒業したのち、さらに養蚕学を学んだキリスト教徒である。かたや宮城県から上京して学を修めた妻の良《りょう》は、明治女学校の校長巌本善治《いわもとぜんじ》から「溢《あふ》れる才気（光）はめだちすぎてしまうので少し黒く隠しなさい」と黒光《こっこう》の名を賜るほどの才媛であった。2人は共通の知人を介して知り合って結婚し、愛蔵の故郷安曇野で養蚕技術の普及に努める一方、東穂高《ひがしほたか》禁酒会を設立して周囲を感化していくなど、社会への貢献を旨としていた。しかし、良の病気もあって上京し、1901年から本郷の東京大学正門前で、譲り受けたパン屋を営んだ。それが中村屋の始まりである。

2人の「社会奉仕」の念は中村屋でも発揮され、内村鑑三《うちむらかんぞう》や頭山満《とうやまみつる》らの多様な人物からあつい信頼を得ている。1907年には新開地で、愛蔵の故郷へつながる鉄道の起点でもあった新宿に支店を開いているが、2年後に場所を現在地に移し、本店とした。これが新宿中村屋である。

1908年、愛蔵と同郷の後輩で、アメリカ・フランスに留学していた彫刻家荻原《おぎわら》守衛《もりえ》（碌山《ろくざん》）が帰国した。安曇野に生まれた守衛は、愛蔵の設けた東穂高禁酒会に参加していた。黒光からの影響もあって芸術を志した彼は、新宿西口にアトリエを構え、30歳で絶作「女」を残して逝去するまでの2年間、中村屋に足しげく通った。荻原守衛を慕って彫刻家の戸張孤雁《こがん》や画家の柳敬

荻原守衛「女」（撮影：大谷一郎）

助・中村彝《つね》・鶴田吾郎らが集まったのが中村屋サロンの始まりとなった。相馬夫妻は若き彼らの良き理解者であり、明治末期から大正・昭和初期の新しい美術界の支援者となっている。現在中村屋は、当時「中村屋サロン」に集まった芸術家たちを紹介する美術館を設けている。

中村屋、そして愛蔵・黒光夫妻がはたしたのは芸術面に対する貢献だけではなかった。イギリス領インドで独立闘争を繰り広げ、日本に亡命してきていたラス・ビハリ・ボースに対し、日英同盟を締結していた日本政府は、国外退去を命じ、その期限が迫るなか、アジア主義者頭山満からの依頼でボースを匿《かくま》ったのが中村屋の創業者夫妻であり、その長女で英語を話せた俊子《としこ》はやがてボースの妻となった。この縁で１９２７年、中村屋に喫茶部（レストラン）が開設されると、当時の日本で主流の欧風カレーとは異なる、本場インドの純印度式カリーを伝えている。のち、日本に帰化してからもボースの祖国インド独立の意志は固く、太平洋戦争中にはインド独立同盟やインド国民軍の創設に携わった。しかし、体調をくずしたため、権限をスバス・チャンドラ・ボースに委譲し、１９４５年に死去している。

多磨霊園に印度式仏塔の墓所がある。

また、ロシア生まれで目の不自由な詩人ワシリー・エロシェンコが来日した際には、ロシア語が話せた黒光が中村屋裏のアトリエに住まわせ、１９２１年に国外退去となるまで一時的に衣食住の面倒をみている。この折、中村彝と鶴田吾郎がエロシェンコをモデルに競作している。近代美術館蔵の中村彝「エロシェンコ氏の像」が重要文化財として有名だが、競作した鶴田吾郎「盲目のエロシェンコ」は中村屋が所蔵している。こうした経緯から中村屋に開設された喫茶部では、彼にちなんだボルシチがメニューに載り、一時期ロシアの民族衣装ルパシカが従業員の制服に採用された。

ボースと俊子

多磨霊園
府中市多磨町4-628
🚉西武多摩川線多磨駅徒歩5分、JR中央線武蔵小金井駅からバス「多磨霊園表門」徒歩2分
㈹多磨霊園管理事務所
(042-365-2079)

中村屋純印度式カリー

中村彝「エロシェンコ氏の像」
(東京国立近代美術館蔵)
千代田区北の丸公園3-1
🚉東京メトロ竹橋駅徒歩3分
㈹東京国立近代美術館
(03-5777-8600)

ボルシチ

「岩倉大使遣米派遣」（山口蓬春画、聖徳記念絵画館蔵）

10 条約改正と鹿鳴館時代

明治初期の外交の大きな課題が、不平等条約の改正（領事裁判権撤廃、関税自主権回復）**である。岩倉使節団や鹿鳴館を活用した欧化政策の面影を東京にみつけてみよう。**

1871（明治4）年、岩倉具視《ともみ》を大使とする**岩倉（遣外）使節団**[1]が欧米に派遣された。その一行には、約60人の留学生が加わっており、なかには**津田梅子**[2]らの女子留学生もいた。派遣の内容は、同行した久《く》米邦武《めくにたけ》の**『米欧回覧実記』**[3]に詳しく記述されている。残念ながら、条約改正の目的は達成できず、1876年の**寺島宗則《てらしまむねのり》外務卿**[4]にその交渉は受け継がれる。寺島はアメリカとの交渉で関税自主権の回復にほぼ成功したが、イギリス・ドイツ・フランスの反対で無効となった。

そのあとを受け継いだ**井上馨《かおる》外務卿（のち外相）**[5]は、極端な欧化主義をとって改正交渉に臨んだ。その象徴が外国要人を接待する社交場として建設された**鹿鳴館**[6]で、その外交政策は鹿鳴館外交とも呼ばれた。しかし、極端な欧化政策への反発や外国人判事の任用などの問題で井上外相は辞任し、**大隈重信外相**[7]に引き継がれた。しかし、大隈も外国人判事の任用問題で反発を買い、対外硬派《たいがいこうは》の青年から襲撃を受けて、辞任した。

そこで、アジア進出に積極的であったイギリスと好意的関係になり、**青木周蔵外相**[8]が領事裁判権の撤廃にこぎつけた。しかし、来日中のロシア皇太子が襲われる大津事件が起き、青木外相が辞任し、そのあとを受けた**榎本武揚外相**[9]の交渉は進まなかった。

1894年、日清戦争の直前になり、**陸奥《むつ》宗光《むねみつ》外相**[10]が領事裁判権の撤廃と関税の引き上げなどを内容とする日英通商航海条約の調印に成功した。同様の内容で他の欧米諸国とも調印し、1899年に再度外相となった青木外相のとき、実施された。1911年には、**小村《こむら》寿太郎《じゅたろう》外相**[11]により、関税自主権が回復され、開国以来半世紀を経て、欧米諸国と対等の条約を結ぶことができた。

1 旧岩倉具視屋敷跡（玄国寺《げんこくじ》）

新宿区高田馬場1-12-10

1871年、右大臣岩倉具視を大使とする岩倉使節団が欧米に派遣されたが、不平等条約の改正交渉は不成功であった。前頁の絵は使節団が横浜港から出航するときの様子を描いたもので、渡航に使われた蒸気船アメリカ号へと向かう和服にちょんまげ姿の岩倉具視も描かれている。左の写真は岩倉使節団がサンフランシスコで撮影したもので、右から大久保利通・伊藤博文・岩倉具視・山口尚芳《なおよし》・木戸孝允である。

また、当時岩倉は馬場先門を入った旧忍藩邸跡を邸宅としていたが、現在その地は皇居前広場となっている。しかし、岩倉邸の建物は現在新宿にある玄国寺の庫裏《くり》として使用されており、和洋折衷の様式をみることができる。

MAP p106 F3

東京メトロ西早稲田駅徒歩5分
問03-3203-2423

岩倉使節団（山口県文書館蔵）

2 津田梅子資料室（津田塾大学）

小平市津田町2-1-1

岩倉使節団に帯同した5人の女子留学生の1人が津田梅子である。梅子は、当時最年少の6歳で、帰国後は女子教育に尽力し、津田塾大学の前身である女子英学塾を創立している。現在、津田塾大学内の津田梅子資料室には、聖徳記念絵画館所蔵の絵（P46参照）にも描かれている、梅子が渡航時に着用していた赤い着物が展示されている。また大学構内には津田梅子の墓もある。

MAP p110 C3

津田梅子が横浜出航時に着用していた着物
西武線鷹の台駅徒歩8分
問042-342-5219

岩倉使節団に帯同した5人の女子留学生

3 『米欧回覧実記』と久米邦武像（久米美術館）

品川区大崎2-25-5　久米ビル8階

MAP p108 F5

岩倉使節団は1871（明治4）年11月から1873年9月にかけて12カ国を歴訪した。その詳細な報告書が久米邦武によってまとめられた『特命全権大使　米欧回覧実記』である。客観的な実録の記述のほか、久米の意見や300あまりにおよぶ銅版画もあり、明治初期の貴重な史料といえる。

久米はこの編集の功による御下賜金をもとに目黒に土地を購入したことから、JR目黒駅前に、邦武と長男で洋画家の久米桂一郎を記念する久米美術館がつくられた。

また、邦武は1892（明治25）年に発表した「神道ハ祭天ノ古俗」の筆禍事件により、東京帝国大学を辞職している。

久米邦武像（久米ビル1階）
🚉JR山手線目黒駅徒歩1分
問03-3491-1510

4 寺島宗則邸宅跡（畠山記念館）

港区白金台2-20-12

寺島宗則肖像画
白馬会を創設した黒田清輝による。（東京国立博物館蔵）

1873年に外務卿となった寺島宗則は、条約改正交渉に臨み、アメリカとの関税自主権の回復交渉にはほぼ成功したが、イギリス・ドイツ・フランスの反対で無効となった。港区白金台にある畠山記念館は、1872～78年のあいだ、寺島の屋敷があった地である。記念館の敷地内には1880年に明治天皇が園内の景勝を観賞されたことから「明治天皇行幸所寺島邸」の碑が立てられている。

MAP p108 G5

🚉都営地下鉄高輪台駅徒歩5分
問03-3447-5787　※月曜休館

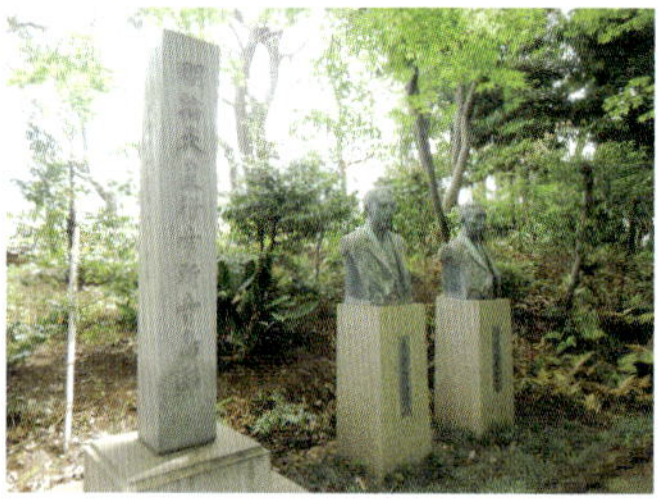

明治天皇行幸所寺島邸の碑

5 井上馨の墓（長谷《ちょうこく》寺）

港区西麻布2-21-34

MAP p108 G2

寺島宗則のあとを受け継いだ井上馨外務卿（のち外相）は、1882（明治15）年から条約改正の交渉にはいった。1887年には国内を外国人に開放する（内地雑居《ないちざっきょ》）のかわりに領事裁判権を原則撤廃する案が欧米諸国に了承された。しかし、鹿鳴館における舞踏会に代表されるように、彼がとった極端な欧化主義への反発や大審院への外国人判事任用への批判が高まり、交渉は中止となり、井上は辞任した。

🚉東京メトロ表参道駅徒歩10分
問03-3400-5232

6 鹿鳴館跡と鹿鳴館のシャンデリア（平井聖天燈明《しょうてんとうみょう》寺）

MAP p105 B1、p102 H3

1880年代、明治政府の重要な課題となった条約改正交渉は、井上馨外務卿（のち外相）の欧化政策によって急速に進んだ。その象徴が外国要人を接待する社交場として日比谷に建てられた鹿鳴館である。

現在は取り壊されて残っていないが、日比谷公園から日比谷通りを渡った帝国ホテルの横に、鹿鳴館跡のプレートがあり、JR平井駅近くの平井聖天燈明寺の本堂内には、鹿鳴館に吊られていたシャンデリアが保存されている。明治初期に競売にかけられたものをこの本堂につけたとのことで、その細工の精巧さから、華やかな舞踏会の様子が目に浮かんでくる。また、江戸東京博物館では、鹿鳴館で繰り広げられた舞踏会の雰囲気をミニチュアで再現している。

鹿鳴館舞踏会の錦絵（神戸市立博物館蔵）

鹿鳴館跡のプレート（右の写真の壁の黒い部分に左のプレートがある）
千代田区内幸町1-1
都営地下鉄内幸町駅徒歩2分

平井聖天燈明寺本堂内のシャンデリア

7 大隈重信像（早稲田大学）と大隈記念室（早稲田大学會津八一《やいち》記念博物館内）

新宿区西早稲田1-6-1　早稲田大学キャンパス2号館

井上馨外相の条約改正交渉は外国人判事の任用問題で中止された。そのあとを受けた大隈重信外相の交渉でも同様の問題が起こった。そのため、大隈は対外硬派の団体玄洋《げんよう》社の来島恒喜《くるしまつねき》による爆弾での襲撃を受けて負傷し、退任に追い込まれた。

大隈が創立した早稲田大学内には、朝倉文夫が制作した大隈像が立てられている。また、襲撃された際に着用していた衣服などは、構内の會津八一記念館内の大隈記念室に展示されている。

MAP p106 G3

早稲田大学キャンパスの大隈重信蔵
🚇東京メトロ早稲田駅徒歩5分

大隈記念室
㊐會津八一記念博物館(03-5286-3835)
※日曜・祝日休館

8 青木周蔵が寄進した灯籠（松陰神社）と小石川橋梁《きょうりょう》

大隈の後継者となった青木周蔵外相は、イギリスとの条約改正交渉を進展させたが、ロシア皇太子が襲撃される大津事件が起こり、辞任することとなった。長州藩出身であった青木は、吉田松陰を慕っていたことから、世田谷区にある松陰神社がつくられた際、寄進された灯籠には伊藤博文や山縣有朋、井上馨らとともに、青木の名も刻まれている。

また、青木はドイツでの滞在が25年と長く、ドイツ文化の導入をはかったことでも知られる。実弟の三浦泰輔《たいすけ》が社長を務めた甲武《こうぶ》鉄道にはドイツ製の橋梁が多く使われている。

MAP p109 A4、p103 A4

松陰神社の灯籠
世田谷区若林4-35-1
🚇東急世田谷線松陰神社前駅
徒歩3分
㊐03-3421-4834

小石川橋梁
千代田区三崎町
JR水道橋駅・飯田橋駅間の日本橋川に架かる中央線の橋梁で、1904年ドイツのハーコート社製である。

青木周蔵

9 榎本武揚像（梅若《うめわか》公園）と榎本旧居跡

MAP p102 F1、F2

江戸幕府の海軍指揮官として戊辰戦争を戦った榎本武揚は、黒田清隆の尽力で助命され、明治維新後は新政府の外務官僚として活躍した。大津事件で辞任した青木周蔵のあとを受けて外相に就任し、条約改正案調査委員会を立ち上げるなど、条約改正交渉を継続させた。しかし第1次松方正義内閣の総辞職にともない、1年3カ月でその任を終えた。

墨田区の梅若公園内には大礼服姿の榎本の銅像が立っている。榎本は晩年向島に居を構えており、向島百花園（墨田区東向島3丁目）の「芝金《しばきん》顕彰碑」や隅田川沿いの「墨堤《ぼくてい》植桜之碑」の篆額《てんがく》などの揮毫《きごう》もおこなっている。この「芝金顕彰碑」の芝金とは、江戸後期に端歌《はうた》から派生した歌謡の「哥沢節《うたざわぶし》」の名跡のことで、歌謡の一部が刻まれている。足しげく通った百花園には鶴まで寄付しており、園内にはそのことを紹介するコーナーも設けられている。

榎本武揚旧居跡のプレート
墨田区向島5-12
東武スカイツリーライン曳舟駅徒歩8分

梅若公園内の榎本武揚像
墨田区堤通2-6-10
東武スカイツリーライン鐘ヶ淵駅徒歩8分

10 陸奥宗光像（外務省）と陸奥宗光邸

MAP p105 A1、p103 D2

1894年、第2次伊藤博文内閣の陸奥宗光外相は、日英通商航海条約に調印し、領事裁判権の撤廃を実現させた。1907年、条約改正や日清戦争の功により、外務省に銅像が立てられた。第二次世界大戦時の金属回収により供出されたが、没後70周年にあたる1966年に再建されている。

陸奥の邸宅は1870年代には隅田川に架かる清洲橋の近く（江東区清澄1-5）にあった。また80年代には台東区根岸に移っており、舞踏会をおこなうなど陸奥外交の舞台となった洋館は現存している。その後、旧古河庭園の地にあった別邸で亡くなっている。

陸奥宗光像
千代田区霞が関2-2-1
東京メトロ霞ケ関駅徒歩1分
問外務省(03-3580-3311)

睦奥宗光邸
台東区根岸3-7
JR山手線・京浜東北線鶯谷徒歩5分

11 小村寿太郎の墓（青山霊園）と外交史料館

MAP p108 G2、H2

1911年、小村寿太郎外相のとき、関税自主権の完全回復が実現し、条約改正は達成された。小村は青山霊園内に墓があり、吉田茂や加藤友三郎らと肩を並べて眠っている。

また、外務省の外交史料館別館には、小村寿太郎の外交活動を紹介する展示があり、ポーツマス講和条約に調印した際の帆掛け船型の花押《かおう》（レプリカ）もみることができる。このほか『小村外交史』やその草稿である『侯爵小村寿太郎伝』も閲覧できる。とくに『小村外交史』は、外交史料館ホームページ内の「日本外交文書デジタルアーカイブ」でもみることが可能となっている。

外交史料館別館の
小村寿太郎関連の展示
港区麻布台1-5-3
東京メトロ六本木一丁目駅徒歩8分、六本木駅徒歩10分
問03-3585-4511

青山霊園の小村寿太郎の墓
港区南青山2-32-2
1種口12-1(東1地区)
東京メトロ外苑前駅徒歩7分
問青山霊園管理所(03-3401-3652)

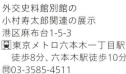

11

日清・日露戦争の追憶

殖産興業、富国強兵の近代化の行き着く先、一等国をめざした日本は、日清・日露戦争の両戦で多大な犠牲を払いつつ、何を得たのか。その経過をたどってみよう。

「三笠《みかさ》艦橋の図」(東城鉦太郎作、三笠保存会所蔵)
1905年5月27日、日本海海戦における戦闘開始直前の連合艦隊旗艦《きかん》三笠の艦橋。
中央の人物が東郷平八郎。

初の本格的対外戦争であった日清戦争は、日本の勝利のうちに終わり、1895年に山口県の下関で**日清講和条約（下関条約）** [1] が結ばれた。日本側全権は伊藤博文《ひろぶみ》首相と陸奥宗光《むつむねみつ》外相であった。日本は清国から賠償金のほか、遼東《りょうとう》半島と台湾の割譲を受けたが、日本の遼東半島領有は「極東《きょくとう》永久の平和のためにならない」と主張するロシア・フランス・ドイツの**三国干渉**を受け、返還せざるを得なかった。一方、台湾でも独立運動が起こり、師団長**北白川宮能久親王《きたしらかわのみやよしひさ》が率いる近衛《このえ》師団** [2] が武力で平定している。その後、初代台湾総督となった樺山資紀《かばやますけのり》ほか歴代の総督は、力で押さえつける統治をおこなったが、第4代台湾総督となった**児玉《こだま》源太郎** [3] は民政長官に後藤新平を任命し、道路・鉄道・治水・教育などのインフラ整備をとおして台湾住民との融和をはかった。

三国干渉で遼東半島返還を日本に迫ったロシアが、1898年に旅順《りょじゅん》・大連《だいれん》などの遼東半島主要部を清国から租借《そしゃく》し、そこへの鉄道を敷設して満州（中国東北部）を実質的に支配下におくにいたり、日露間の戦争は不可避となった。世界戦略上、ロシアに対抗していたイギリスと日英同盟協約を結んだ**桂太郎首相** [4] は、1904年、**日露戦争**に踏み切った。

陸軍は**大山巌《いわお》司令官** [5]・児玉源太郎参謀長のもと、**乃木希典《のぎまれすけ》** [6] が率いる第三軍が**旅順要塞を攻略** [7] し、弾薬不足に苦しみながらも全軍をあげて奉天《ほうてん》会戦に臨んだ。一方、海軍は**東郷平八郎《とうごうへいはちろう》司令長官** [8] が率いる連合艦隊が、ロシアのバルチック艦隊を**日本海海戦**で撃破した。1905年、アメリカ東海岸のポーツマスで結ばれた**日露講和条約（ポーツマス条約）** [9] では、ロシア領樺太の南半分が日本に割譲されることとなった。この際に立てられた**国境確定標石** [10] のレプリカが明治神宮外苑の聖徳記念絵画館前にある。

1 日清講和条約（外交史料館）

港区麻布台1-5-3

日清講和条約は、清国から日本への賠償金支払いや遼東半島・台湾などの割譲を約したもので、外交史料館の別館展示室で常時みることができる。また、聖徳記念絵画館では、教科書にも載っている有名な「下関講和談判」の絵画をみることができる。日清講和会議（下関会議）で伊藤博文首相と陸奥宗光外相が、清国全権の李鴻章《りこうしょう》と会談している様子を描いている。

MAP p108 H2

「下関講和談判」（聖徳記念絵画館蔵）

🚃東京メトロ六本木一丁目駅徒歩8分、六本木駅徒歩10分
問外交史料館（03-3585-4511）

2 北白川宮能久親王像（北の丸公園）

千代田区北の丸公園1-1

1895年、日本への割譲に反対する台湾の住民は、清国の協力のもと「台湾民主国」の独立を宣言した。台湾征討に向かう近衛師団を率いて出征した北白川宮能久親王は、台湾平定直前にマラリアにかかり、台南で死去している。北の丸公園に旧近衛師団司令部（現在の東京国立近代美術館工芸館）と北白川宮能久親王像（新海竹太郎作）がある。

MAP p103 A5

旧近衛師団司令部（現在の東京国立近代美術館工芸館）

🚃東京メトロ竹橋駅徒歩10分
問東京国立近代美術館（03-5777-8600）
環境省皇居外苑管理事務所（03-3201-1017）

3 児玉源太郎像（井の頭自然文化園彫刻館）

武蔵野市御殿山1-17-6

児玉源太郎は、神風連《じんぷうれん》の乱や西南戦争の鎮圧など、軍人としての能力はもちろん、内務大臣就任など統治に対する能力にも長《た》けていた。第4代台湾総督に就任した児玉は、従来の力による統治を改めるべく民政長官に旧知の後藤新平を任命し、産業育成やインフラ整備を進めた。日露戦争時には満州派遣軍の総参謀長として大山巌を補佐した。下は北村西望《せいぼう》による彫像。

MAP p110 E3

🚃JR中央線吉祥寺駅徒歩10分
問井の頭自然文化園管理事務所（0422-46-1100）

コラム 愛玉子《オーギョーチ》

台東区上野桜木2-11-8
🚃東京メトロ根津駅徒歩8分
問03-3821-5375

台湾の玉山《ぎょくさん》付近でとれるクワ科イチジク属の蔓性植物「愛玉子」の実はペクチンの含有量が多い。これを乾燥させたものを硬水《こうすい》（ミネラル分の多い水）にひたしてもみあげ、固めたものが愛玉子ゼリーである。台湾では夏の風物詩として、これにレモンシロップなど甘みのあるシロップをかけて食べる。上野谷中には専門店「愛玉子」がある。

4 桂太郎像と拓殖大学A館

文京区小日向3-4-14　MAP p106 H3

日露戦争時の首相桂太郎は、かつて第2代台湾総督であった関係から、拓殖《たくしょく》大学の前身、台湾協会学校を創立、初代校長を務めた。拓殖大学A館の前に立つ像は、学校創立以来の業績に対する恩賜金《おんしきん》拝受の御《ご》沙汰《さた》書を奉読している姿。ゴシック様式のA館は1932年竣工、鉄筋コンクリート造りでスクラッチタイルを使用。内装にはアールデコ様式の装飾が多用されている。

東京メトロ茗荷谷駅徒歩3分
問拓殖大学(03-3947-7160)

5 大山巌像（九段坂公園）

千代田区九段南2-2-18　MAP p103 A5

西郷隆盛の従弟である大山巌は日露戦争時の満州軍総司令官で「陸の大山、海の東郷」と称された。騎乗姿の銅像は北白川宮能久親王像と同じ新海竹太郎作。マッカーサーが大山に心酔していたことで破却処分をまぬがれたとされる。聖徳記念絵画館には奉天会戦後、奉天に入城する大山巌の姿を描いた絵がある。

「日露戦争で奉天に入城する大山巌」
(聖徳記念絵画館蔵)

東京メトロ九段下駅徒歩2分

6 乃木希典邸

港区赤坂8-11-32　MAP p108 G2

1902年に乃木希典邸が建てられた時、欧州留学での経験をもとに設計した質素な木造本邸より、煉瓦造りの厩《うまや》が立派なことが評判になったという。乃木希典は日露戦争の旅順要塞攻略で多くの死傷者を出した自責の念から自刃を口にしたが、天皇から諭されて思いとどまり、1912年の明治天皇の大葬に際し自邸で殉死している。邸宅内は外部テラスから臨めるが、命日9月13日には内部を公開する。

乃木希典邸
東京メトロ乃木坂駅徒歩1分

7 勝鬨《かちどき》の渡し

中央区築地6-20-11 勝鬨橋西詰　MAP p105 C2

1905年1月、多大な犠牲のうえに旅順要塞が陥落すると、日本中で提灯行列がおこなわれるほど沸き立った。これを記念して、京橋区の有志が築地と対岸の月島を結ぶ勝鬨の渡しを設けて東京市に寄付している。名称は戦いに勝ったときに「勝どきの声をあげる」という表現からとったもの。渡し舟は可動橋の勝鬨橋が開通した1940年まで運行された。

東京メトロ築地駅徒歩7分、都営地下鉄築地市場駅徒歩10分
問かちどき橋の資料館(03-3543-5672)

8 東郷神社

渋谷区神宮前1-5-3

ロシアのバルチック艦隊を破った日本海海戦で、東郷平八郎は砲弾飛び交う艦橋で微動だにせず指揮をとりつづけたといわれる。この際、三笠のマストにZ旗を掲げ「皇国《こうこく》ノ興廃此ノ一戦ニ在《あ》リ、各員一層奮励《ふんれい》努力セヨ」と全軍の士気を鼓舞《こぶ》した。東郷神社ではZ旗をあしらった勝《かち》守《まもり》が入手可能である。

MAP p108 F1

JR山手線原宿駅・東京メトロ明治神宮前徒歩3分
問03-3403-3591

9 日露講和条約（外交史料館別館）

港区麻布台1-5-3

日露講和条約には、韓国における日本の優越、旅順・大連など租借地の日本への譲渡、樺太南半分の割譲が定められた。外交史料館別館では両全権による署名部分が示されている。また、聖徳記念絵画館では「ポーツマス講和談判」の絵画がみられる。日露両国の仲介にあたったアメリカの東海岸ポーツマスの海軍工廠の一室で、日本全権小村寿太《こむらじゅた》郎《ろう》外相、ロシア全権ウイッテが調印する様子を描いている。

MAP p108 H2

「ポーツマス講和談判」（聖徳記念絵画館蔵）

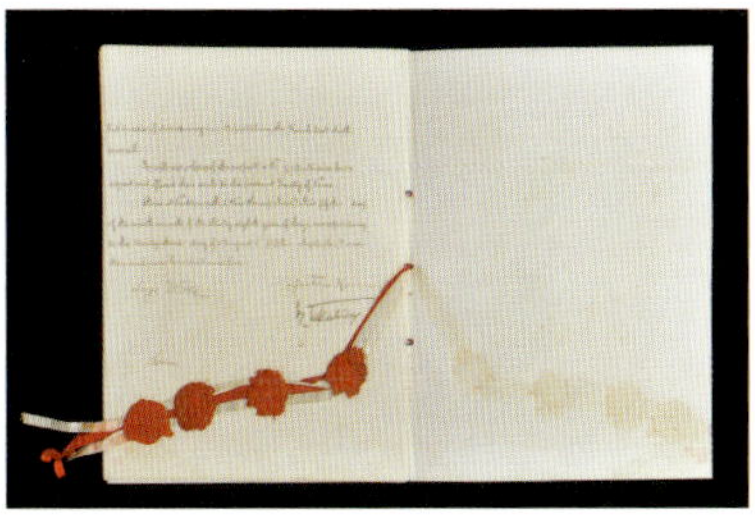

東京メトロ六本木一丁目駅徒歩8分、六本木駅徒歩10分
問外交史料館（03-3585-4511）

10 樺太《からふと》国境画定標石（聖徳記念絵画館前）

日露講和条約で樺太の北緯50度以南が日本に割譲されたのを受け、1907年に大小21個の国境標石が建てられた。この標石は明治神宮外苑開設にあたり、樺太庁が寄贈したレプリカで、現在は聖徳記念絵画館前の植込みにある。日本側には菊花《きっか》紋章と大日本帝国と境界の文字、裏面にはロシア帝国の双頭鷲《そうとうわし》紋章とキリル文字が彫られている。

MAP p108 F1

コラム 聖徳記念絵画館

明治神宮外苑にある美術館で、明治天皇の生涯における事蹟を描いた80枚の絵画が年代順に展示されている。大政奉還・江戸開城談判・岩倉使節団・憲法発布式・下関講和談判・ポーツマス講和談判など著名なものが多く含まれている。国の重要文化財指定の建物は1926年竣工の鉄筋コンクリート造りで、外壁として花崗岩を貼りつけてある。

新宿区霞ヶ丘町1-1
JR中央線信濃町駅徒歩5分
問03-3401-5179

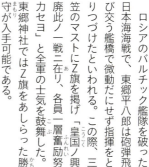

12

東京の史跡で知る近代の日朝関係

明治維新後の日本は、朝鮮とのあいだに国交を樹立したのち、朝鮮での権益をめぐる清国・ロシアとの争いを制して韓国を併合する。東京に残る史跡をとおしてこの過程をみてみよう。

壬午軍乱（東京経済大学図書館蔵）

1876（明治9）年、日朝修好条規を結んだ朝鮮では、政権を握る国王の妃、閔妃《ミンビ》の一族が開化政策のもと、日本に接近した。一方、国王の実父大院君《テウォングン》の一派はこれと激しく対立し、1882年、軍制改革に不満をもつ兵士たちの支持を得て反乱を起こした。これに乗じて蜂起した民衆は日本人の軍事教官を殺害し、漢城（のちのソウル）の日本公使館に放火した。**壬午《じんご》軍乱**[1]と呼ばれるこの反乱は清《シン》国軍によって鎮められ、閔妃一族は以後、清国に依存するようになる。これに対し、日本と結んで朝鮮の近代化を進めようとする**金玉均《キムオッキュン》**[2]・朴泳孝《パクヨンヒョ》らは、日本公使館の協力を得て1884年にクーデタを決行するが、清国軍の介入により失敗した（甲申事変）。

朝鮮での権益をめぐる日本と清国の対立が深刻化するなか、日清戦争が起こった。日本は戦争に勝利したものの、ロシアを中心とする三国干渉により朝鮮への影響力は後退した。日本が勢力挽回をねらって起こした閔妃殺害事件ののち、朝鮮（1897年から大韓帝国）には親露政権が成立するが、1904年からの日露戦争に勝利した日本は、第2次日韓協約で韓国の外交権を奪い、漢城に統監府をおいて**伊藤博文《ひろぶみ》が初代統監に就任**[3]した。1907年には韓国の内政権をも手に入れたが、植民地化に抵抗する民衆運動が広がり、1909年、伊藤博文はハルビン駅頭で韓国の独立運動家**安重根《アンジュングン》により暗殺された**[4]。

翌年、日本は韓国併合条約を結んで朝鮮を植民地とし、京城には朝鮮総督府が設けられ、**初代総督となった陸軍大臣寺内正毅《まさたけ》**[5]は武力を背景に統治を進めていった。**韓国の王族李《イ》氏**[6]は日本の皇族に準じた待遇を受けるようになり、梨本宮家の方子《まさこ》を妻とした李垠《イウン》のように皇族・華族と結婚した王族もあった。

1 守命《しゅめい》供時《きょうじ》の碑（木母寺）

墨田区堤通2-16-1

木母寺《もくぼじ》の裏門を出ると、左手に3つの大きな石碑が並んでいる。そのうちの1つが「守命供時」の碑である。1882年7月23日に起きた壬午軍乱では、漢城で軍事顧問だった堀内禮造《れいぞう》中尉をはじめ、陸軍省語学生ら7人が襲われて命を落とし、日本公使館も放火された。弁理公使花房義質《はなぶさよしもと》らは仁川に逃れたが、そこも襲撃され公使館員や巡査ら7人が殺害された。この碑は、死をまぬがれた花房ら26人が彼らの死を悼んで1897年7月に立てたもので、碑には死亡した14人の名が刻まれている。

MAP p102 F1

🚉東武スカイツリーライン鐘ヶ淵駅徒歩3分
問木母寺（03-3612-5880）

2 金玉均の墓（青山霊園）

港区南青山2-32-2

青山霊園の外国人墓地にある、ひときわ大きな板状の墓碑が金玉均の墓である。金玉均は1882年に来日し、福沢諭吉らの援助を得て約半年間の留学生活を送った。翌々年、朝鮮の近代化をめざし、朴泳孝らとともに政権打倒のクーデタを起こすが失敗に終わった。その後日本に亡命し、岩田秋作などと名乗っておよそ10年間を過ごすが、1894年、上海に赴いた際、閔妃一族が送り込んだ刺客によって暗殺された。墓碑は、のちに首相となる犬養毅や国家主義者として著名な頭山満《みつる》らの支援で立てられたもので、碑の撰文は同志の朴泳孝、書は大院君の孫李《イ》埈《ジュン》鎔《ヨン》による。文京区向丘の真浄寺にも、本堂裏の一角に金玉均の遺髪をおさめたという墓がある。

MAP p108 G2、p103 B2

青山霊園の金玉均の墓

🚉東京メトロ外苑前駅徒歩7分
問青山霊園管理所（03-3401-3652）

真浄寺の金玉均の墓

🚉東京メトロ本駒込駅徒歩4分
問真浄寺（03-3821-0054）

3 伊藤博文の墓

品川区西大井6-10-18

初代韓国統監となった伊藤博文は、第2次日韓協約に基づき韓国の外交権を握ったが、実際には内政をも左右した。当時、伊藤は韓国併合に否定的で、むしろ韓国を早期に近代化させロシアの朝鮮進出に対抗できる国力をつけさせることを方針として内政を進めたという。しかし、植民地化を進める中心人物として韓国民衆の反感は彼に集中した。伊藤がハルビンに赴いたのは、統監を辞任したのち、2度目の枢密院議長に就いていた時で、極東問題をめぐるロシア蔵相との会談が目的であった。墓のある西大井は晩年の伊藤が過ごした別邸があったところで、かつては伊藤町という地名であった。墓は品川区の文化財として、毎年、伊藤の命日10月26日の頃に公開される。

MAP p110 F5

上：西大井にあった伊藤博文別邸（現在は山口県萩市に移築）
左：伊藤博文像

伊藤博文の墓

🚉JR横須賀線西大井駅徒歩3分
問大井第三地域センター（03-3773-2000）

4 安重根発射の弾丸（衆議院憲政記念館）

千代田区永田町1-1-1

MAP p105 A1

憲政記念館2階の第1展示室「憲政の歩みコーナー」に安重根の顔写真と並んでこの弾丸が展示されている。伊藤博文がハルビン駅頭で安に狙撃された時、伊藤に随行していた3人も銃弾を受けて負傷した。この弾丸は、随行していた南満州鉄道株式会社理事田中清次郎の患部から摘出されたもので、伊藤の命を奪ったものではない。この弾丸から、使用された銃はベルギー製のブローニングであったことがわかっている。安はその場で逮捕され、旅順の関東都督府地方法院で裁判に付された結果、死刑に処せられた。この弾丸は、裁判終了後に大連民政署から田中に返されたものである。世田谷区にある蘆《ろ》花《か》記念館には、安の手形が押された書が展示されている。

伊藤公狙撃さる
伊藤公今廿六日午前九時哈爾賓に着しプラットホームに下るや韓人と覚しき者の為めに狙撃せられたり
伊藤公危篤
伊藤公の傷所は数発の命中により生命危険なりとの續電あり
田中満鐵理事も
公遂に薨る
遺骸発す
伊藤公別報
奉天よりの報
伊藤公即死説

伊藤博文暗殺を報じた当時の新聞記事

安重根

安重根発射の弾丸

東京メトロ永田町駅徒歩4分
問衆議院事務局憲政記念館(03-3581-1651)

コラム 三・一独立運動の導火線となった2･8独立宣言書

〔2･8独立宣言資料室〕

第一次世界大戦ののち、世界的に民族自決の意識が高まるなか、在日朝鮮人留学生のあいだでも独立運動の気運が生まれてきた。1919（大正8）年2月8日、在日本東京朝鮮YMCAで開催された「朝鮮留学生学友会総会」において独立運動の中心メンバーが朝鮮の独立を宣言し、宣言文は満場一致で採択された。この運動は警察により弾圧されたが、同年、朝鮮全土にわたって起こされた抗日独立運動（三・一独立運動）につながっていく。神田にある在日本韓国YMCAの10階には、2・8独立宣言資料室が設けられていて、宣言書の写しや独立宣言書に署名した11人の留学生の写真など、2.8独立宣言にかかわるさまざまな資料が展示されている。

千代田区猿楽町2-5-5
JR中央線水道橋駅徒歩6分
問在日本韓国YMCAアジア青少年センター資料室担当(03-3233-0615)

5 寺内正毅元帥騎馬像（井の頭自然文化園彫刻館）

武蔵野市御殿山1-17-6

MAP p110 E3

寺内正毅は、陸軍大臣のまま第3代韓国統監に就き、韓国併合にともない引き続き初代朝鮮総督となった。朝鮮総督は、陸海軍大将だけが就任できる、天皇から直接任命される官職で、朝鮮の陸海軍を統率するとともに行政・立法・司法のすべての分野で絶対的な権限をもっていた。寺内は、憲兵が警察業務を兼任する制度を施行して民族運動を徹底的に弾圧するなど、武断政治と呼ばれる軍事力を背景とする支配を進めた。像は、陸軍軍医総監だった森鷗外の依頼を受けた北村西望《せいぼう》（戦後、長崎の平和祈念像を制作）が制作したもので、三宅坂にあったが、１９４３（昭和18）年の銅像供出により撤去され溶解された。彫刻館に展示されているのはその原型（１９２１年制作）である。

寺内正毅

🚉 JR中央線、京王井の頭線吉祥寺駅徒歩10分
問 井の頭自然文化園（0422-46-1100）

6 旧李《リ》王家邸（東京ガーデンテラス内）

千代田区紀尾井町1-2

MAP p106 H6

この邸宅は李王家の東京本邸として１９３０（昭和5）年に建てられたもので、大韓帝国最後の皇帝純宗の皇太子李垠《イウン》とその妻方子がここで生活した。李垠は、１９０７（明治41）年、11歳の時に留学の名目で来日し、学習院・陸軍中央幼年学校・陸軍士官学校で学び、太平洋戦争中には陸軍中将・軍事参議官になっている。梨本宮守正の第一王女方子と結婚したのは１９２０（大正9）年のことで、「日鮮融和」「内鮮一体」を標榜する日本政府の政略によるものという。邸宅は、宮内省内匠寮の設計で、窓や正面車寄せにみられるアーチを特徴とするイギリス・チューダー様式を基調としている。戦後は西武鉄道に売却され、宿泊施設やレストランなどとして使用されていた。

🚉 東京メトロ永田町駅徒歩2分
問 赤坂プリンスクラシックハウス（03-6261-1122）

富岡製糸場（長谷川竹葉作）

13 お雇い外国人が残した軌跡

政府は、ヨーロッパやアメリカの諸国に働きかけ、新しい技術の専門家や学問を教える教師などを東京に招いた。政治・経済・産業・文化・教育・芸術などに残した彼らの軌跡をたどってみよう。

明治政府は、強大な欧米諸国との国力の違いに驚き、日本の早急な近代化をめざして文明開化・富国強兵・殖産興業を進めた。そのため西洋人の学者や教師、技術者を雇い入れ、留学生を派遣して新しい技術や知識を学ぼうとした。明治政府によって雇われた「お雇い外国人」は、殖産興業のための機械の導入や技術の伝習、芸術や法学から自然科学にいたるまでさまざまな西洋学問の定着に貢献した。

　学問や産業分野でもっとも優秀とみられた客観的理由や政治的理由から、外国人の国籍は意識的に選択された。アメリカからは動物学者モース1、哲学者のフェノロサ2、宣教師のフルベッキ3ら、ドイツからは医者のベルツ4、農学のケルネル5、物理・化学の専門家ワグネル6、地質学者のナウマン7らが迎えられた。イタリアからは芸術関係でラグーザ8、キヨッソーネ9、フォンタネージ10らを招いている。イギリスからは技術者が多くモレル11、ミルン12、ウォートルス13らが日本でさまざまな分野の技術革新に貢献した。

　お雇い外国人の俸給は高く、太政大臣三条実美《さねとみ》が月給８００円、右大臣岩倉具視が６００円、官営工場の熟練工にいたっては10～15円であったのに対して、造幣寮顧問のイギリス人キンダーは１０４０円、政府顧問として岩倉使節団派遣などにかかわったフルベッキ、富岡製糸場で製糸を教えたフランス人ブリューナ、法律顧問のドイツ人ロエスレルらは６００円であった。彼らの往復旅費は政府が負担したのはもちろんのこと、日本では西洋風の住宅が与えられた。１８７４年の統計によると、月給５００～６００円台が25人、８００円以上が10人、そのうち１０００円を超すものが３人もいた。

アメリカのお雇い外国人

1 モース（大森貝塚遺跡庭園）

品川区大井6-21

MAP p110 G5

モースは1877年に来日した。横浜に上陸して数日後、横浜―新橋間の汽車に乗って東京へ向かった。その車窓から貝の堆積を確認し、東京大学の学生とともに後日発掘したのが大森貝塚である。モースは動物学者として、生物学や動物学を教え、日本ではじめてダーウィンの進化論を紹介した。『日本その日その日』を著してアメリカに日本文化を広め、江戸時代の工芸や看板を広く蒐集《しゅうしゅう》した。モースの膨大な蒐集品は、アメリカのボストン郊外のセーラム市のピーボディ・エセックス博物館の日本館に展示されている。

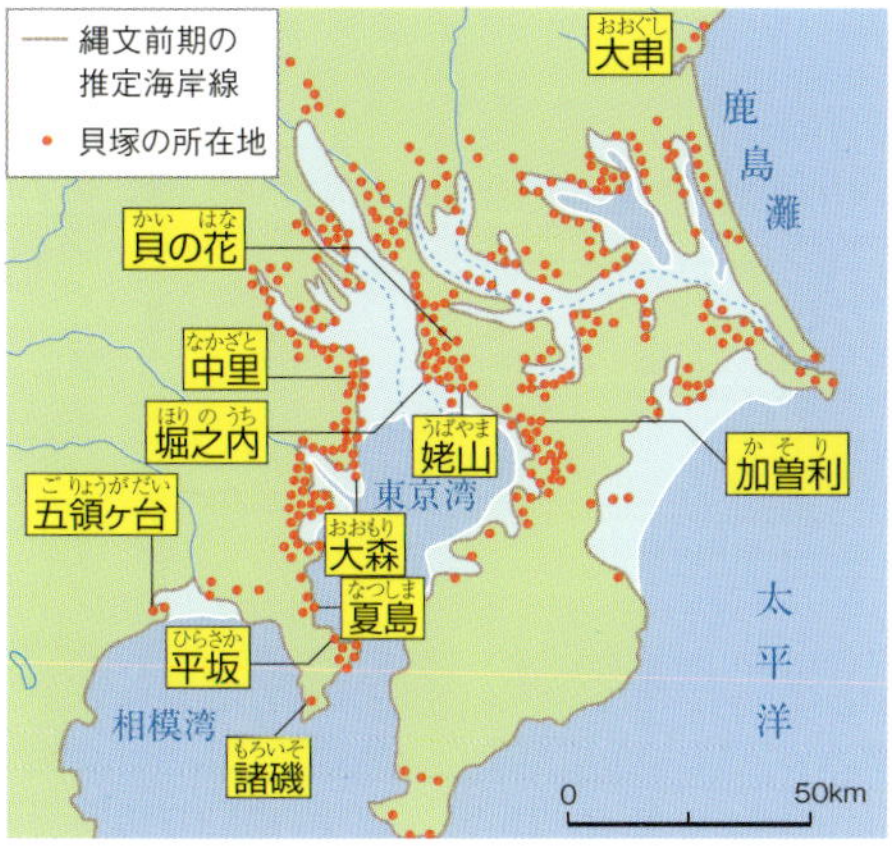

関東地方の貝塚の分布

大森貝塚の発掘風景（E. モース『日本その日その日』石川欣一訳、平凡社、東洋文庫）

JR京浜東北線大森駅徒歩5分

2 フェノロサ（東京藝術大学）

台東区上野公園12-8

MAP p103 C2

アーネスト・フェノロサは、1878年から東京大学で哲学を講義した。日本美術を高く評価していたフェノロサは、文学部の学生岡倉覚三（天心《てんしん》）を通訳として、日本美術の調査をおこなった。文明開化を大前提としていた当時の日本社会では、江戸時代以前の文化は棄て去るべきであるとの思想が拡大していた。そのため、フェノロサと岡倉天心は日本の伝統的美術の復興運動をおこなった。1887年、2人の美術教育に関する調査報告に基づき、東京美術学校が開校した。東京藝術大学構内にはフェノロサの記念碑が残る。

JR、東京メトロ上野駅徒歩5分

3 フルベッキ（明治学院）

港区白金台1-2-37

MAP p108 H5

フルベッキはプロテスタントのオランダ人宣教師で、アメリカから長崎へきて、布教のかたわら、佐賀藩の学生に英語などを教えた。その門下生に大隈重信・伊藤博文らがいた関係で、1868年、政府顧問として東京に招かれ、新政府の重要な政策にかかわった。欧米への遣外使節団派遣、近代教育の出発点である学制の制定などに関与した。明治政府の近代化政策を軌道に乗せた。のち布教活動に専念し、東京一致神学校（明治学院）の教育にたずさわった。明治学院記念館のなかに歴史資料館がある。

東京メトロ白金台駅徒歩7分
※月～金曜9:00～16:00開館

ドイツのお雇い外国人

4 ベルツ（東京大学）

文京区本郷7-3-1

ベルツは1876年、東京医学校生理学の教師に迎えられ、また内科学の教師として病理学総論の講義も担当した。その後、内科専任教師として1902年までその職にあって、日本の医学生の教育や患者の診療にあたり、日本の西洋医学発展の基礎を築いた。また、海水浴・スポーツ・温泉の効用を説くなど、保健衛生思想の普及にも努めた。箱根の温泉宿の女中が、水仕事のためにあかぎれに悩んでいるのをみたベルツは、あかぎれに効果のある化粧水「ベルツ水」をつくった。明治時代の日本を活写した『ベルツの日記』を残している。ベルツの像は東京大学構内にある。

MAP p103 B3

東京メトロ・都営地下鉄本郷三丁目駅徒歩5分
問03-3812-2111

5 ケルネル（駒場野公園）

目黒区駒場2-19-70

1881年に来日したケルネルは、ドイツ人だが国籍はオランダである。ドイツ式の農業を駒場農学校（のち帝国大学農科大学）で教えた。とくに土壌肥料学を日本へ伝えた。札幌農学校がアメリカ式大農法を教えたのに対して、駒場農学校では「ケルネル田圃《たんぼ》」の名称からわかるように、ヨーロッパ式農法の日本への定着をはかった。もと駒場農学校があった場所の駒場野公園のなかに「水田の碑」があり、その先に「ケルネル田圃」がある。現在は筑波大学附属駒場中学校・高等学校の教育水田である。

水田の碑

ケルネル田圃

MAP p109 C3

京王井の頭線駒場東大前駅徒歩2分

6 ワグネル（東京工業大学）

目黒区大岡山2-12-1

明治政府の産業政策で大きな功績を残したワグネルは、1871年から大学南校、ついで大学東校のお雇い外国人教師となり、物理・化学を教えた。翌72年、日本がウィーン大博覧会に参加することが決まると、その技術顧問となった。1873年のウィーン博覧会への参加は、殖産興業政策の1つである内国勧業博覧会事業を発展させるきっかけとなった。博覧会後、大久保利通内務卿のもとで勧業寮顧問として大きな役割をはたした。1881年、東京大学理学部で製造化学を受けもって日本の陶業の近代化に努めた。ワグネルの碑は東京工業大学にある。

MAP p110 F5

東急線大岡山駅徒歩1分
問03-3726-1111

7 ナウマン（ナウマンゾウの骨、国立科学博物館）

台東区上野公園7-20

ドイツの地質学者であるナウマンは、ミュンヘン大学卒業後、1875年に日本に招かれ、東京開成学校で地質学を教えた。1877年に東京帝国大学が設立されると、その教師となった。1879年、ナウマンの建議によって地質調査所が設立され、その技師長となり日本の地質調査を監督したが、1885年に帰国した。ナウマンは伊豆大島の噴火活動の報告、北海道白亜紀化石の研究や日本列島構造に関する研究で功績をあげている。今日用いられているフォッサ・マグナは彼の命名である。ナウマンゾウは弟子が師の名から名づけた。左は糸魚川市のフォッサマグナミュージアム所蔵のナウマンの肖像。

MAP p103 C3

JR、東京メトロ上野駅徒歩5分
問03-5777-8600

ナウマン象の歯

イタリアのお雇い外国人

8 ラグーザ・清原玉（東京国立博物館）

台東区上野公園13-9

殖産興業の人材を育成するために工部大学校が設立され、そのなかにつくられた工部美術学校には、芸術の香り高いイタリアから彫刻絵画などのお雇い外国人が招かれた。なかでも、彫刻教師ラグーザは日本ではじめて西洋彫刻法を教えた。自分の妻となった清原玉をモデルにした「日本婦人像」のような日本人の肖像をいくつも創作した。ラグーザの教えを受けた者のなかから、大熊氏広《うじひろ》・藤田文蔵《ぶんぞう》らの優れた彫刻家が生まれ、これらの人々を中心に明治の洋風彫刻が発展した。1882年に妻をともなって帰国したが、玉は女流画家となって活躍し、日本の漆工芸をイタリアの地で教えた。

MAP p103 C2

ラグーザ「日本婦人像」

JR、東京メトロ上野駅 徒歩10分
問03-3822-1111

9 キヨッソーネ（お札と切手の博物館）

北区王子1-6-1

1871年、大蔵省紙幣司が創設され、76年、東京の大手町に印刷局の工場が建設された。印刷局は、外国から近代的な印刷機械を購入した。それを動かし、さまざまな技術を伝授する外国人技術者を雇い入れた。そのなかで、凹版彫刻技師キヨッソーネは最大の功労者となった。日本人局員からも信頼と敬愛を得た彼は初期印刷局のほぼすべての製品の図案作成・凹版原版の彫刻、製版技術の指導に尽力し、「日本近代紙幣の父」と呼ばれている。切手でも精緻なデザインを正確に複製できる製版法（エルベート凸版）を伝えた。その凸版方式はその後の切手印刷の主流となった。お札と切手の博物館では彼の原図によるお札をみることができる。

MAP p110 G2

改造紙幣1円
（国立印刷局 お札と切手の博物館蔵）

JR京浜東北線、東京メトロ王子駅 徒歩5分
問03-5390-5194

10 フォンタネージとその弟子たち（東京国立博物館・東京国立近代美術館）

西洋画の教師として招かれたフォンタネージは、ラグーザがほとんど無名に近い存在であったのに対し、ヨーロッパ各地で画技を磨き、王立トリノ美術学校教授となるなど、イタリア有数の画家であり、イタリア風景画の代表的作家であった。洋画・油絵の普及は、西洋諸国の文物を取り入れて近代化をはかろうとする明治政府の国策に相応じる動きであるとともに、油絵の迫真描写力をわがものにしようとする日本人のリアリズムの要求のあらわれでもあった。フォンタネージが教授となると、各画塾で学んでいた小山正太郎・松岡寿《ひさし》・浅井忠・山本芳翠《ほうすい》・五姓田《ごせだ》義松《よしまつ》ら多くが入学し、正統的な油絵の技法を学んだ。フォンタネージは病気により2年後に帰国し、トリノで死去した。

MAP p103 C2

フォンタネージ「風景（不忍池）」（東京国立博物館蔵）

浅井忠「春畝《しゅんぽ》」（東京国立博物館蔵）

東京国立博物館
台東区上野公園13-9
JR、東京メトロ上野駅
徒歩10分
問03-3822-1111

東京国立近代美術館
千代田区北の丸公園3-1
東京メトロ竹橋駅徒歩1分
問03-3214-2561

イギリスのお雇い外国人

11 モレル（旧新橋停車場鉄道歴史展示室）

港区東新橋1-5-3

エドモンド・モレルは、日本にくる以前、イギリスの土木技術者として働き、1866年から北ボルネオのラブアン島の石炭輸送用の鉄道建設にあたっていた。1870年、日本の鉄道建設を指導するために横浜へ到着した。イギリス公使パークスの推薦もあり、モレルは技師長に就任した。この頃、民部大蔵大輔《たいふ》であった大隈重信と相談のうえで、日本の鉄道を1067㎜の狭軌《きょうき》と定めた。日本側では枕木をイギリスの鉄製にする予定であったが、森林資源の多い日本では木材がよいと日本の立場に立った提案をしたが、新橋―横浜間の開業目前に結核のため満30歳で亡くなった。

新橋の0哩標識

JR山手線、東京メトロ新橋駅徒歩5分
問03-3572-1872

MAP p105 B2

12 ミルン（国立科学博物館）

台東区上野公園7-20

イギリスのリバプールに生まれたジョン・ミルンは、1876年、工部省工学寮の教師として招かれ、来日した。ミルンは函館で火山の調査をおこない、浅間山にも登って活火山が珍しかったイギリスで研究報告をおこなった。人類学や考古学の知識も豊富でモースとともに函館の貝塚を発掘し、大森貝塚の絶対年代を2640年前と推定した。

1880年に日本地震学会を創設し、88年、東京帝国大学の設置とともに、工学部で鉱山学や地質学を教えた。1894年に彼がつくった「ミルン水平振子地震計」は国立科学博物館でみることができる。晩年はイギリスに帰った。

ミルン水平振子地震計

JR、東京メトロ上野駅徒歩5分
問03-5777-8600

MAP p103 C3

13 ウォートルス（銀座の煉瓦碑）

中央区銀座1-11-2

アイルランド生まれのウォートルスは、香港の英国造幣局の建設にかかわり、1864年頃、香港から鹿児島に渡り、叔父の知り合いだったグラバーの紹介で、薩摩藩の紡績所などの工事にかかわったという。1866年、貨幣局に雇用され、大阪造幣寮応接所（現在の泉布観《せんぷかん》）を建築した。大隈重信らに信頼されて上京し、1870年から大蔵省に招かれ、銀座大火後、防火に重点を置いた銀座煉瓦街の建設を指揮した。煉瓦街・ガス灯・鉄道馬車・人力車により銀座通りは文明開化の象徴となった。しかし煉瓦の建物は実際は湿気が多く雨漏りもあり、居住性は高くなかった。また、ウォートルスは建築の正式な教育を受けたことはなく、泉布観や銀座煉瓦街も正統な西洋建築とはいいがたいものである。

MAP p105 C1

「東京名所之内銀座通煉瓦造鉄道馬車往復図」（東京都立中央図書館特別文庫室蔵）

銀座の煉瓦碑

東京メトロ京橋駅徒歩5分

コラム

青山霊園に眠るお雇い外国人

お雇い外国人は日本を愛し、日本女性を妻として永住した人も多かった。東京の青山墓地に眠るお雇い外国人は多数にのぼる。開国から明治にかけて日本の近代化に指導的役割をはたし、この日本で亡くなった外国人に思いをはせてみよう。

青山霊園の外国人墓地

お雇い外国人の顕彰碑

キヨッソーネの墓

ジュ・ブスケの墓
ジュ・ブスケは、江戸幕府が招いたフランス人軍事顧問団の1人として来日し、軍事顧問団が解散しても日本に残り、フランス公使館の通訳となった。のち明治政府の顧問となり、フランス法制度の移植に力をつくし、富岡製糸場に製糸技師ブリューナを推薦した。駐日フランス領事も務めた。

フルベッキの墓

ワグネルの墓

エッゲルトの墓
ドイツ人の経済・国家学者であるエッゲルトは、東京帝国大学で理財学や財政学を講義し、大蔵省の財政顧問として多くの蔵相の相談相手を務めた人物である。

青山霊園
港区南青山2-32-2
🚉東京メトロ外苑前駅徒歩８分
㊫青山霊園管理事務所(03-3401-3652)

14 コンドルをめぐる

ジョサイア・コンドルは日本人へ建築学を教えるために来日したお雇い外国人教師である。まだ西洋建築の基礎がなかった明治初期に日本人建築家を育成したコンドルと弟子の軌跡をたどろう。

ジョサイア・コンドルは鹿鳴館をはじめ、旧東京帝室博物館本館・旧宮内省本館・旧海軍省本館など数多くの政府系建物の設計に携わった。**岩崎邸1**、**古河邸2**、**ニコライ堂3**、**三井倶楽部4**など、東京にはコンドルの建てたものが多く残っている。「コンドル」はオランダ語風の読み方で、英語では「コンダー」であるが「コンドル」と通称している。工部大学校造家学科（現在の東京大学工学部建築学科）教授として、**辰野金吾《たつのきんご》5**・**片山東熊《とうくま》6**・**曾禰《そね》達蔵7**・**佐立《さたて》七次郎8**らを育てた。銀座の煉瓦街をつくったウォートルスらと違い、コンドルはロンドン大学で建築学を正式に学んだばかりでなく美術学校でも学んでおり、デッサンから設計・製図、構造力学まで幅広く教えることができた、はじめての西洋建築の教師であった。辰野金吾らに課した構造力学の卒業試験問題は現代の建築学科大学院の修士課程レベルであるという。

コンドル像

工部大学校を辞職したあとは、建築事務所を開設し、丸の内の三菱1号館〜3号館、岩崎邸、古河邸などを残している。明治の浮世絵師河鍋暁斎《かわなべきょうさい》に入門し、暁斎から暁英《きょうえい》の号を授かった。日本舞踊・花柳風の舞踊家である前波《まえなみ》くめと結婚した。日本の文化を深く愛したコンドルは1920年、67歳で没し、護国寺に埋葬された。

三菱1号館

1 旧岩崎邸

台東区池之端1-3-45

三菱の創設者岩崎彌太郎は、旧舞鶴藩主牧野家から邸地を購入し、周囲を買い足して、およそ1万4000坪の敷地を所有した。現存する洋館・撞球《どうきゅう》室・和館の大広間は、彌太郎の嫡男で第3代社長の岩崎久彌が父の死後の1896年に竣工したものである。洋館はエリザベス朝期の住宅様式であるジャコビアンを基調とするものの、フランス・ルネサンスやイタリア風にイスラーム風のモチーフを配して華麗にまとめあげた。コンドル得意の折衷主義の建築で、現存する彼の住宅作品のなかではもっとも古い。この洋館は明治時代の多くの上流階級の住宅がそうであったように、日常は和館に暮らしていた岩崎家の迎賓館であった。

MAP p103 C3

東京メトロ湯島駅徒歩5分
問03-3824-8340

2 旧古河庭園

北区西ケ原1-27-39

春と秋にバラの咲く洋風庭園と池泉廻遊式日本庭園をもつ旧古河庭園は、もと陸奥宗光《むつむねみつ》の邸宅であった。宗光の次男潤吉が足尾銅山を経営する古河市兵衛の養嗣子になったことから古河家の所有となった。洋館は1917年に竣工した。天然スレート葺きの棟を包んだ銅板の緑青が色鮮やかである。壁の新小松石がほとんど紫に近い赤色を呈して美しい。岩崎邸では和館と洋館が別々に建てられているのに対し、ここでは洋館のなかに和室や仏間までつくられている。洋館内部の見学会は予約制であり、バラの季節は申し込みが多い。喫茶室も利用できる。

MAP p110 G3

JR京浜東北線上中里駅徒歩7分
問03-3910-0394

3 ニコライ堂

千代田区神田駿河台4-1

ニコライ堂の正式名称は「東京復活大聖堂」という。この地で布教したロシア人修道司祭のニコライにちなんで名づけられた。日本ハリストス正教会（日本正教会）の中心である。原設計はロシアの建築家シチュールポフであるが、コンドルが実施設計をおこない、1891年に竣工した。

日本ではじめての本格的なビザンチン様式の教会堂として、その威風と美しさは類をみない。関東大震災で被害を受けたのち、明治生命館などを設計した岡田信一郎によって補強と修復がおこなわれた。内部の拝観は時間が決められており、電話などで予約するとよい。

MAP p103 B5

JR中央線・総武線、東京メトロ御茶ノ水駅徒歩1分
問03-3295-6879

4 綱町三井倶楽部

港区三田2-3-7

綱町は、江戸時代には島津家などの武家屋敷地であった。三井倶楽部は、その丘の上に三井家の迎賓館として1910〜13年にかけて建築された。全体をルネサンス様式を基調にまとめた宮殿造りの館のようだ。道路の正門からみた玄関は2階建てだが、庭園からみるとまさに宮殿である。ベランダの張り出しなどの細部はバロック的意匠で、室内の吹抜けホールとステンドグラスをはめたドーム天井は、ビザンチン建築を取り入れている。ここでの結婚式や食事は三井系の法人の管理職の紹介があればできる。

MAP p108 H3

東京メトロ麻布十番駅徒歩8分
問03-3453-3011

5 コンドルの弟子たち① 辰野金吾（日本銀行本店・東京駅）

MAP p103 C6

辰野金吾は曾禰達三と同じ肥前・唐津藩士の子として生まれた。工部大学校造家学科の第1期生として、着任したコンドルに学び、造家学科を首席で卒業した。辰野は首席卒業者に許されるイギリスに留学の際、コンドルの師であるバーシェスの事務所やロンドン大学で学んだ。帰国後、コンドルが工部大学校を辞職すると工部大学校教授に就任し、1898年には東京帝国大学工科大学学長となり、日本の建築界の第一人者となった。辰野金吾は日本の顔となるべき西洋建築をつくりつづけた。日本銀行・中央停車場（現在の東京駅）・国会議事堂の建築に情熱を傾けたが、国会議事堂だけははたすことができなかった。

日本銀行本店は1888年に計画され、96年に完成した。日本人建築家の設計による最初の国家的建築物である。

中央停車場は日本銀行に続く辰野金吾による国家的建築物の第二陣である。辰野式と呼ばれる赤煉瓦と白い大理石の賑やかな表現は、駅舎というよりヨーロッパの街並みを思わせる。

東京駅
千代田区丸の内1-9-1
🚉JR東京駅徒歩0分
問JR東日本お問い合わせセンター(050-2016-1600)

日本銀行本店
中央区日本橋本石町2-1-1
🚉東京メトロ三越前駅徒歩1分
問日本銀行情報サービス局、見学受付(03-3277-2815)

6 コンドルの弟子たち② 片山東熊（迎賓館・東京国立博物館表慶館）

MAP p106 G6、p103 C2

片山東熊は萩で長州藩士の家に生まれ、奇兵隊隊士として戊辰戦争に参戦した。辰野・曾禰・佐立とともにコンドルの教えを受けた工部大学校造家学科の第1期生である。その後、工部省から宮内省内匠寮にはいり、明治時代の数多くの宮廷関係の建築に携わった。そして東京・京都・奈良の帝室博物館の設計をおこなった。

迎賓館（旧赤坂離宮）は、大正天皇が皇太子時代の新居として、当代の一流の芸術家たちが総力をそそぎ、設計と総監督には宮内省の宮廷建築家であった彼があたり、1909年に完成した。外観はヴェルサイユ宮殿、室内はバッキンガム宮殿にならったといわれている。明治建築界の卒業作品といわれる迎賓館は、2009年に明治期以降の建築物としてはじめて国宝に指定された。

東京国立博物館表慶館は、本館正面の左にある。大正天皇のご成婚記念に1908年につくられた。2階の外壁には、さまざまな芸術に関するモチーフのレリーフがはめこまれている

東京国立博物館表慶館
台東区上野公園13-9
🚉JR、東京メトロ上野駅徒歩10分
問03-3822-1111

迎賓館
港区元赤坂2-1-1
🚉JR中央線、東京メトロ四ツ谷駅徒歩7分
問03-3478-1111

7 コンドルの弟子たち③ 曾禰達蔵（慶應義塾図書館・講談社）

曾禰達蔵は唐津藩士の子として江戸で生まれた。明治維新の時には上野の彰義隊にはいり、旧幕府側として戦ったといわれる。同郷の辰野金吾とともにコンドルに学び、1879年、工部大学校造家学科（第1期生）として卒業し、工部省や海軍省に勤めたが、コンドルの紹介で三菱に入社し、丸の内のオフィス街建設に携わった。三菱を退社後、東京帝国大学建築学科の後輩中條精一郎とともに曾禰中條建築事務所を開設した。それゆえ、彼の作品は民間に多かった。関東大震災で多くの作品が焼失した。

現在、国の重要文化財に指定された慶應義塾図書館は、慶應義塾の築地創設50周年の記念事業として構想され、1912年4月に竣工した。赤煉瓦と花崗岩、陶製のテラコッタの織りなすゴシック意匠は、震災と戦災による改修があっても当時の鮮かさを残している。

講談社ビルは1933年に完成した。曾禰中條事務所の作品の1つであるが、担当者は高松正雄である。正面玄関の列柱廊など、古典的で禁欲的な左右対称の仕上げが安定している。

MAP p105 A4、p106 G2

講談社ビル
文京区音羽2-12-21
東京メトロ護国寺駅徒歩1分
問03-5395-3410

慶應義塾図書館
港区三田2-15-45
JR山手線・京浜東北線田町駅徒歩8分
問03-5427-1541

館内のステンドグラス

8 コンドルの弟子たち④ 佐立七次郎（水準原点標庫・日清戦争の灯明台）

讃岐藩士の子として生まれた佐立七次郎は工部大学校造家学科の第1期生として卒業し、工部省や海軍省のさまざまな建築を担当した。その後、藤田組にはいるが、また逓信省に復帰したのち、建築設計事務所を開設し、日本郵船の建築顧問となり、日本郵船小樽支店（現在の小樽市博物館）の設計をおこなった。佐立七次郎が設計した建物はほとんど現存していないが、そのなかで、もともと海軍省の敷地であった所に建てられた日本水準原点標庫（国会前庭内、憲政記念館前）は数少ない建築物である。1891年につくられ、この原点内部の水晶板のゼロ目盛の高さが東京湾平均海面上24・500m（現在は24・4140m）とされた。小品ながら堂々たるドリス式ローマ神殿の形式に倣った荘厳なプロポーションからは、佐立七次郎の才能がよくわかる。毎年「測量の日」（6月3日）を記念して5月中旬に内部が公開される。公開日は国土地理院関東地方測量部に問い合わせてほしい。また、深川・門前仲町の深川公園内に日清戦争勝利を記念した灯明台に佐立七次郎の名が刻まれており、この建築に携わったことがわかる。

MAP p105 A1、p104 E1

日清戦争の灯明台
江東区富岡1-14ほか
東京メトロ門前仲町駅徒歩5分

日本水準原点標庫
千代田区永田町1-1
東京メトロ永田町駅徒歩5分
問国土地理院関東地方測量部
（03-5213-2051）

15 東京に残る大正・昭和初期の面影

関東大震災の記憶、地下鉄の開通、自由教育運動など、大正から昭和初期のさまざまな東京の変化をみてみよう。20世紀の近代化に日本が何を外国から取り入れたか、その姿をたどろう。

大正初頭の第1次護憲運動は、政党が民衆を背景として展開した政治運動であり、民衆の政治参加を求める先駆《さきが》けでもあった。続く第一次世界大戦中の飛躍的な経済発展のなかで、社会には広く自由主義と民主主義の風潮が台頭し、大正デモクラシーの時代を迎えた。

しかし、関東大震災123は東京の姿を一変させた。多くの死者は出たが、都心では江戸・明治時代以来の街並みが耐震・耐火に優れた鉄筋コンクリート造りのビル街へと変貌していった。日本橋の三越ばかりでなく、デパートが銀座や新宿、浅草にも進出していった。六区の映画館が象徴する娯楽と庶民の街浅草にも、東京最古のターミナル・デパートの松屋4が開業し、洋酒のカクテル「電気ブラン」の人気で神谷バー5が客を集めた。大都市近郊には私鉄による郊外電車が発達し、郊外には洋風の応接間などをもつ和洋折衷の「文化住宅」もあらわれた。郊外電車の起点である渋谷と娯楽の街である浅草が地下鉄で結ばれた。渋谷は新しい中産階級の住宅地として発展した。ハチ公の主人の東大教授もそうした一人であった。地下鉄はモダン東京のシンボルとなった。

第一次世界大戦中の飛躍的な経済発展によって、労働者やサラリーマンを中心とする広範な市民層が形成された。デモクラシーの風潮と市民層の増加やその社会的地位の向上を背景に、児童や生徒の個性を尊重した、新しい教育感による大正新教育運動＝自由教育運動も拡大した678。

東京地下鉄の開業　1927年、上野・浅草間に地下鉄が開通した。東洋初・日本初の地下鉄に多数の乗客が殺到した。ホーム上の人々の服装は圧倒的に洋服が多い。（東京国立近代美術館蔵）

ハチ公

1 東京都慰霊堂と東京都復興記念館

墨田区横網2-3-25　都立横網町公園内

1923（大正12）年9月1日午前11時58分44秒、関東南部をマグニチュード7・9と推定される激震が襲った。東京では建物の倒壊は3割未満だったが、昼食準備中の家庭から出火した火事は、またたく間に燃え広がった。墨田・江東地区一帯からの出火に追われた人々は、2万坪の広さがあった両国の陸軍被服廠跡に殺到した。ここで死んだ人は約4万人にのぼり、関東大震災の死者約10万人の半分がここで亡くなった。

震災慰霊堂は、人々の霊を弔い、再びこのような大惨事が起きないことを祈念して建てられた。伊東忠太《ちゅうた》が設計し、1930年に完成した。内部空間はキリスト教の初期のバジリカ式教会のようになっている。

震災で荒野と化した東京の復興を記念して1929年に帝都復興展覧会が開かれた。ここに出品された震災被害品を長く保存するために建てられたのが東京都復興記念館である。昭和初期のスクラッチタイルが貼られ、和風の屋根を乗せた帝冠様式の建物である。これも慰霊堂と同じく伊東忠太の設計である。両方の建物に忠太の好きだった妖怪の装飾がある。

MAP p102 E4

東京都復興記念館
JR総武線、都営地下鉄両国駅徒歩2分
問03-3622-1208

東京都慰霊堂
JR総武線、都営地下鉄両国駅徒歩2分
問03-3623-1200

2 同愛記念病院

墨田区横網2-1-11

同愛記念病院は、東京都慰霊堂と東京都復興記念館と道路を1つ隔てた所にある。関東大震災の際に、アメリカから送られてきた義捐金の一部が病院建設にあてられ、関東大震災で大きな被害を受けた当時の本所区（現在の墨田区）の中心部につくられた。そのため診療費は無料を原則とした。

両国国技館に近く、整形外科の医師のなかには、日本相撲協会や日本のプロ野球、日本体育協会のスポーツドクターが多い。待合室ではよく力士の姿をみかける。

JR総武線、都営地下鉄両国駅徒歩6分
問03-3625-6381

MAP p102 E4

3 朝鮮人慰霊碑

墨田区横網2-3-25　都立横網町公園内

関東大震災の翌日、混乱のなかで横浜方面から東京市中へ「朝鮮人が爆弾をもって襲ってくる」「朝鮮人が井戸へ毒を投げ込んだ」との流言・デマが広がった。この「朝鮮人の襲撃」というデマは9月1日の夜頃から発生したらしい。東京・横浜の各町内には武装した自警団が組織された。各地の自警団は朝鮮人を駆り立て、迫害行為や虐殺がおこなわれた。殺害された朝鮮人は約6000人といわれているが、正確な数はいまだにわかっていない。この慰霊碑はそうしたことが二度と起こってはならないことを祈って建立された。

MAP p102 E4

JR総武線、都営地下鉄両国駅徒歩2分
問03-3623-1200

コラム 地下鉄の開通

地下鉄博物館
江戸川区東葛西6-3-1
🚇東京メトロ葛西駅直結
問03-3878-5011

ロンドンの地下鉄に感動して帰国した早川徳次《のりつぐ》が東京地下鉄道会社を設立し、地下鉄の工事が始められた。東京地下鉄道は1927年12月30日、上野—浅草間（2.2km）で開業し、1934年には新橋まで延長された。一方、1934年に東京高速鉄道会社が設立され、1938年に虎ノ門—渋谷が開通し、翌年には新橋まで延長された。当初、この2つの会社の地下鉄は直通運転がなく、浅草から渋谷へいくには新橋駅での乗り換えが必要であった。地下鉄の開通は東京の新しい風俗の1つとなった。現在、東京メトロの銀座線には開業当時の地下鉄と同じカラーの車輌が走り、昭和のはじめをしのばせている。東京メトロ葛西駅の高架下にある地下鉄博物館の展示をみてみたい。

日本で一番古い地下鉄車輌とその内部

4 浅草のターミナル・ビル松屋

台東区花川戸1-4-1

MAP p102 E3

東武電車が隅田川を渡り、その頃の繁華街として栄えていた浅草に乗り入れた1931年、東武雷門駅（現在の浅草駅）開業とともに松屋浅草支店として開業した。建物は、鉄道省の初代建築課長となり、のち民間で設計事務所を開いた久野節《くのみちお》の設計による。昭和初期を代表するアール・デコ調の建物で、東京で最初の駅とデパートが一体化したターミナル・デパートである。2012年9月、東京スカイツリー開業に合わせて当時の姿に戻った。銀座・和光と同じような時計塔がなつかしい。

🚇東京メトロ、都営地下鉄浅草駅徒歩1分、東武スカイツリーライン浅草駅直結
問03-3842-1111

5 神谷バーの電気ブラン

台東区浅草1-1-1

MAP p102 E3

神谷バーは1880年に創業した、浅草雷門の横にある洋酒の酒場である。神谷伝兵衛は速成ブランデーの製造・販売を始め、文明開化の象徴の1つであった「電気」にちなんで、その酒を「電気ブラン」と名づけた。明治の末に店を西洋風にして「神谷バー」と改めた。現在のビルは1921年に建てられた浅草で最古の鉄筋コンクリート造りのビルであり、国の登録有形文化財である。「電気ブラン」は輸入ブランデーにワイン、ジン、ベルモットなどをブレンドした度数45度の洋酒であり、今でもそのブレンドは秘伝である。また戦後、度数30度にした「デンキブラン」も発売された。

🚇東京メトロ、都営地下鉄浅草駅徒歩1分、東武スカイツリーライン浅草駅徒歩1分
問03-3841-5400

6 ライト設計の明日館《みょうにちかん》

豊島区池袋2-31-3

MAP p106 F2

第一次世界大戦後の国際的なデモクラシーの風潮と日本の飛躍的な発展のなかで、広く自由主義と民主主義の風潮が台頭し、教育のなかにも浸透した。自由学園は羽仁もと子と羽仁吉一の夫婦によって1921年、当時の東京府北豊島郡高田町に設立された。明日館は、新しい教育の場である自由学園の校舎としてフランク・ロイド・ライトによって設計された。羽仁もと子は、自由学園の校舎の理想について「外形を簡素にして、優れた思いをそのなかに充しめたい」と述べている。中央ホールと食堂を中心に東西の教室群は左右対称の構成で、中央ホールから水平にのびやかに広がる教室が均整のとれた新しい教育空間をみせている。内部に置かれた机や椅子もライトの設計である。新しい時代の息吹を感じてほしい。中央ホール1階では入場券・コーヒー券のセットを購入すれば、クッキー付でコーヒーを飲むことができる。

JR山手線池袋駅
徒歩10分
問03-3971-7535

7 西村伊作の文化学院跡

千代田区駿河台2-5

MAP p103 B4

真の学校教育とは何かを模索していた西村伊作は、与謝野晶子や画家の石井柏亭とともに1921年、神田駿河台に文化学院を創立した。生徒の個性を重んじる自由な学校をめざした。教師は与謝野鉄幹・晶子、石井柏亭、山田耕筰、有島生馬、高浜虚子らのメンバーで始められた。その後、菊池寛、川端康成、北原白秋ら日本を代表する文化人や芸術家によって教育がおこなわれた。文化学院は両国に移転し、ここは日本BS放送のビルになっている。

JR中央線・総武線、東京メトロ御茶ノ水駅徒歩5分

8 沢柳政太郎と成城学園

世田谷区成城6-1-20

MAP p110 E4

大正の教育界のなかで、新教育の実践をめざす私立学校を創設したのが沢柳政太郎である。文部次官から京大総長まで務めた沢柳政太郎は官界を離れ、自らの教育理想を実現するため、1917年、「デモクラシーの気運が世界に高まりつつある今日、国民全体の知的レベルを引き上げる小学校教育の改造がもっとも肝要である」という考えから成城小学校を東京の新宿に創設し、1925年に北多摩郡砧《きぬた》村喜多見《きたみ》(現在の世田谷区成城学園)に移った。沢柳のもとで訓導を務めた小原国芳はのちに玉川学園を、赤井米吉は明星学園を創設した。

小田急線成城学園前駅徒歩3分
問03-3482-1092

16 日中交流の軌跡を振り返る

日中両国は一衣帯水《いちいたいすい》の隣国であり、古くから文化の交流があり、近世以降はさらに日中間の歴史に大きな影響をおよぼした。日中交流の足跡を訪ねてみよう。

孫文と日本の友人たち　右から孫文、一人おいて平山周、宮崎滔天《とうてん》、内田良平。

近世日本に大きな影響をもたらしたのが、明《ミン》末の儒学者**朱舜水**《しゅしゅんすい》**1**である。彼と水戸藩とのかかわりは深く、そこから生まれた水戸学が幕末の政治社会をリードする思想となった。彼の終焉《しゅうえん》の地が東京大学弥生キャンパス内にある。

江戸の学問の中心として隆盛を誇った**湯島聖堂2**は、儒学の伝統が衰えた明治になっても日本の近代教育発祥の地として学問的伝統を次世代へ受け渡す役割をはたした。

哲学館（現在の東洋大学）創立者井上円了《えんりょう》博士によって精神修養の場として創設された**哲学堂公園3**は、孔子・荘子・朱子が東洋哲学における聖賢として祀られている。哲学世界を視覚的に表現した公園は、世界に例がない。

日清戦争後から清国からの留学生が多く日本を訪れた。また、清国に革命の機運が高まると、日本人のなかにも支援者があらわれる。谷中の全生庵《ぜんせいあん》には日清の架け橋となる人材育成に力をそそいだ**荒尾精**《あらおせい》**の墓4**と、孫文に協力し中国革命に殉じた**山田良政の碑4**がある。**孫文自身が亡命時に腰かけた石5**も白山神社に残る。

20世紀にはいると留学生の数はピークに達した。講道館柔道資料館には、嘉納治五郎《かのうじごろう》のかかわった宏文《こうぶん》学院で**魯迅が書いた講道館への入門誓文6**が残っている。神保町の愛全公園内にはかつて周恩来が学んだ**東亜高等予備学校の碑7**があり、駿河台下交差点付近には彼の通った中華料理店**漢陽楼8**が今も営業している。１９２３年の関東大震災は留学生にも遭難者を出し、麟祥院には**中華民国留学生癸亥**《きかい》**地震遭難招魂碑9**が立てられた。

満州事変以後、日本が送り込んだ満蒙開拓団は、日中関係の負の部分を象徴し、日本にも中国にも深い傷を残した。都内各地に**開拓団に参加した人々の慰霊碑10 11**が立てられている。

1 朱舜水先生終焉之地の碑（東京大学）

MAP p103 B3

文京区弥生1-1-1

東京大学農学部キャンパスの正門をはいると、すぐ左手に朱舜水先生終焉之地の碑がある。

朱舜水は明末の儒学者である。明朝からの仕官の誘いを固辞しつづけるも、明末清初の動乱に際しては、鄭成功《ていせいこう》に従軍し明朝の復興をはかったが、成功せずに日本に亡命した。1665年に水戸徳川家の2代藩主光圀《みつくに》に招かれ、水戸学成立に大きな影響を与えた。また、水戸藩上屋敷の作庭に際しては、設計に朱舜水の意見が取り入れられ、中国情趣をいかした名園「後楽園」が生まれた。

死後は水戸藩の墓所に埋葬され、水戸徳川家により全集が編纂された。この碑は1912年6月に日本渡来250年祭が営まれた際に立てられた。

東京メトロ東大前駅徒歩1分

2 湯島聖堂

MAP p103 B4

文京区湯島1-4-25

江戸幕府5代将軍綱吉《つなよし》が、儒学の振興をはかるために、1690年、湯島の地に聖堂を創建し、上野忍岡《しのぶがおか》の林家私邸にあった廟殿と家塾をここに移したことが、現在の湯島聖堂の始まりである。その後、1797年に昌平坂《しょうへいざか》学問所が開設された。この時の設計は、かつて朱舜水が徳川光圀のために製作した孔子廟の模型が参考にされている。関東大震災で建物のほとんどは罹災したが、総黒漆塗りで透塀を有する入徳門と水屋は寛政期当時のものである。孔子廟や神農廟が設けられ、それぞれ4月と11月に祭事がおこなわれるほか、斯文《しぶん》会文化講座として漢籍の素読や漢詩、中国画や古典音楽など多彩な講座が開講され、現代日本において中国の古典文化に触れられる得がたい場所となっている。

JR中央線・総武線、東京メトロ御茶ノ水駅または東京メトロ新御茶ノ水駅徒歩2分
(問)公益財団法人斯文会事務局（03-3251-4606）

3 哲学堂公園

中野区松が丘1-34-28

MAP p107 C2

四聖堂

ここは手狭となった当時の哲学館（東洋大学の前身）の新校舎予定地とされていたが、結局大学移転はおこなわれず、現在のような庭園となった。哲学堂の時空間をあらわす時空岡《じくうこう》に立ち、周囲を眺めると、哲学にちなんだ名をもち、おのおの個性をにじませた古建造物が不思議な調和をみせる。

四聖堂は、東洋哲学の孔子と釈迦、西洋哲学のソクラテスとカントの「四聖」を世界的四哲人として祀るため、1904年に建立された。1909年建立の六賢台には、東洋的哲学人として、日本の聖徳太子・菅原道真、中国の荘子・朱子、印度の龍樹《りゅうじゅ》・迦毘羅仙《かびらせん》が「六賢」として祀られている。建物の内部は春期・秋期のほか、月例に公開されている。

六賢台

🚉西武新宿線新井薬師前駅徒歩12分
㊐哲学堂公園事務所(03-3951-2515)

4 荒尾精《せい》の墓と山田良政の碑（全生庵）

台東区谷中5-4-7

MAP p103 B2

荒尾精は尾張藩士の子として生まれ、陸軍の情報将校を経て、日清の架け橋となる人材養成のために1890年、上海に日清貿易研究所を設立した。荒尾の死後の1901年、同研究所は東亜同文書院として発展的に生まれ変わり、日中両国の学生教育に尽力して多くの人材を輩出した。

その墓のある同じ全生庵の境内には、山田良政の顕彰碑がある。山田は弘前の出身で、日清戦争では通訳として活躍した。戦後、日本に亡命中の孫文と意気投合し、その革命運動の支援をおこなうなか、1900年10月の恵州《けいしゅう》蜂起で戦死した。その死を悼んだ孫文は、辛亥革命に成功し、中華民国成立後に来日した折、その顕彰碑を立てた。

山田良政の碑

荒尾精の墓

🚉JR山手線、京成電鉄日暮里駅徒歩10分
㊐03-3821-4715

5 孫文先生座石（白山神社）

文京区白山5-31-26

MAP p103 A2

白山神社の鳥居をくぐると、すぐ左手に孫文のレリーフが刻まれ「孫文先生座石」と題された碑がある。1894年、ハワイで興中会を結成したことから、清朝打倒の運動に乗り出した孫文は、たびたびの蜂起に失敗し、日本に亡命していた。そのときに小石川の自宅に孫文を匿《かくま》ったのが、宮崎滔天《とうてん》である。宮崎は中国での革命運動を支援し、1905年、東京で革命諸団体を糾合《きゅうごう》した中国同盟会の結成にも参加している。碑の由緒によれば、明治43（1910）年5月中旬のある夜、碑の下にあるこの石に宮崎と並んで腰かけた孫文は、中国の将来や抱負などについて語り合っていたところ、一條の流星をみて中国での革命を心に誓ったのだという。

都営地下鉄白山駅徒歩3分
問03-3811-6568

6 魯迅の誓文（講道館柔道資料館）

文京区春日1-16-30

MAP p103 A3

講道館柔道資料館には、その発展を伝える当時の資料や写真などが展示されている。正面奥には勝海舟が揮毫《きごう》して贈った扁額《へんがく》がある。その他、広田弘毅《こうき》や広瀬武夫らと講道館柔道とのかかわりを示す資料がある。

日中関係史のなかで興味深いのは、講道館が清国からの留学生を受け入れていたことである。日清戦争後の1899年、清国からの留学生の学校として開校した亦楽《えきらく》学院（のち弘文学院・宏文学院と改称）は、1909年の閉校までに総入学者7192人を受け入れている。学院関係者に対しては、36年より院内に道場を設け、講道館牛込《うしごめ》分場として柔道の指導がおこなわれていた。入門申請書の誓文には周樹人《しゅうじゅじん》（魯迅）の署名印がある。

学生服・学帽姿の魯迅
（東北大学史料館蔵）

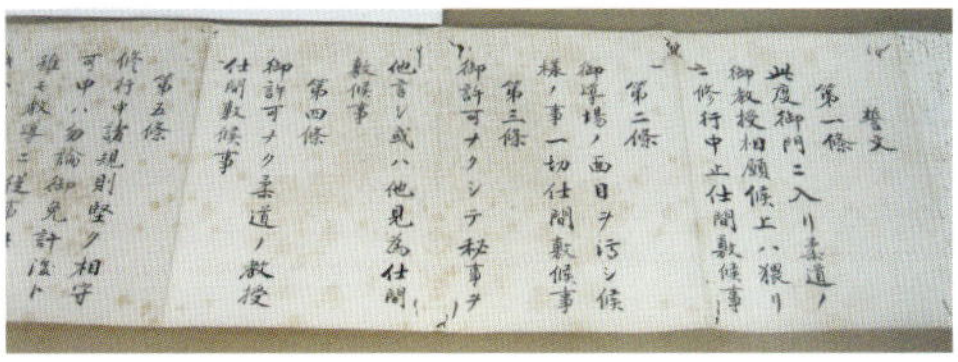

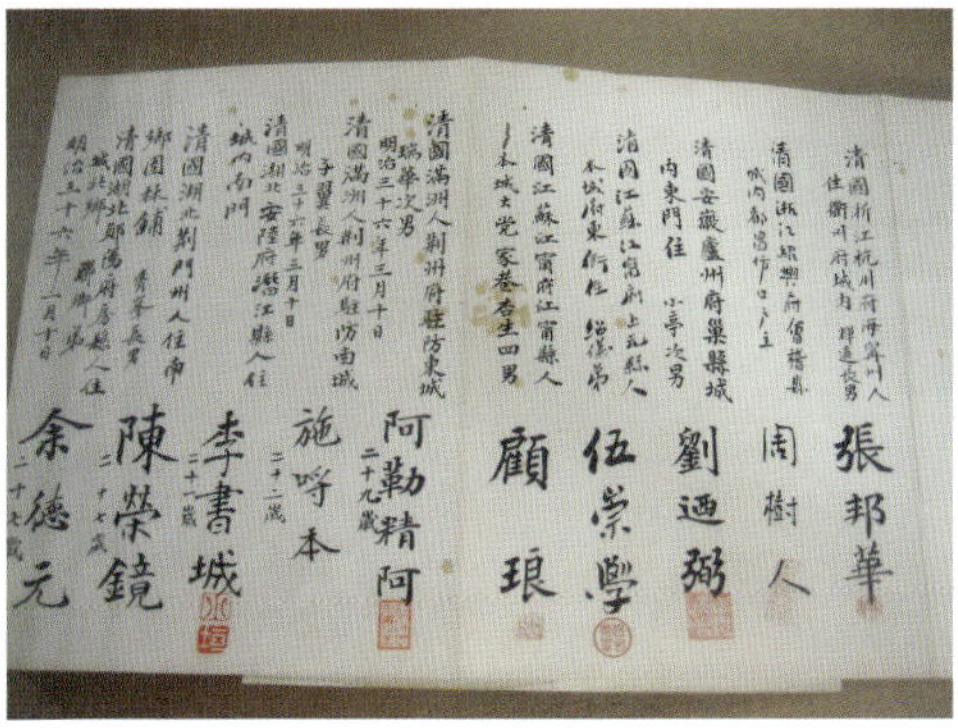

魯迅の署名印のある誓文

都営地下鉄春日駅徒歩1分、
東京メトロ後楽園駅徒歩3分
問講道館 図書資料部
（03-3818-4562）

7 東亜高等予備学校跡の碑

千代田区神田神保町2-20-3

MAP p103 B5

東亜高等予備学校は、1908年松本亀次郎《まつもとかめじろう》が神保町に設立した留学生のための日本語教育機関である。彼は北京での教職経験をもち、日本では魯迅《ろじん》にも日本語を教えた。

周恩来は、中華人民共和国建国以来首相を務め、内政・外交に活躍し、今も広く敬愛されている。周は天津の南開中学を卒業後、1917年に来日、東亜高等予備学校で大学進学に向け日本語を学んだが、第一高等学校・東京高等師範学校の受験に失敗した。貧しかった周には私費留学は不可能で、官費の学校に合格しなければ留学を断念するほかなかった。帰国後、南開大学に進学し、五・四運動の学生指導者として頭角をあらわしていく。

周恩来

周恩来修学の碑(東亜高等予備学校跡)

東京メトロ、都営地下鉄神保町駅徒歩3分

8 漢陽楼

千代田区神田小川町3-14-2

MAP p103 B5

漢陽楼は1911年、周恩来と同郷の華人顧雲生《こうんせい》が開業した中華料理店で、周恩来の日記にもたびたび登場する。当時の留学生は、生卵や生魚を出すような日本食になじめず、故郷の味を求めたり、異国で勉学に励むにあたっての精神的な支えを求めたりしてこうした店に集まった。主人の面倒見のよい人柄も慕われたことだろう。

清燉獅子頭《チントンシーズートォ》は周恩来の故郷江蘇省の伝統的な淮陽《わいよう》料理で、ネギ、ショウガなどを練り込んだ挽き肉を、こぶし大の肉団子にし、澄んだスープで時間をかけて蒸した料理。周恩来も、幼い頃から親しんだ好物であり、自ら得意にして身内の集まりでつくって振る舞ったという。胃の弱い孫文に出したという粥も味わえる。

東京メトロ、都営地下鉄神保町駅徒歩3分
問03-3291-2911

9 中華民国留学生癸亥《きがい》地震遭難招魂碑（麟祥院）

文京区湯島4-1-8

MAP p103 B3

癸亥地震とは1923年の関東大震災のことを指す。日本に留学していた中国人留学生にも犠牲者が出ている。震災の翌年、亡くなった留学生を慰霊するために建立されたのが中華民国留学生癸亥地震遭難招魂碑である。碑の裏面には、遭難者の姓名・在籍校・遭難場所などが刻まれている。日華学会は、中国から日本に留学した学生のため学校選びや入学・転学、宿舎の世話、銀行・工場などの実習や見学を紹介し、さらに教育研究に関する中国人の視察などに便宜を与えることを目的にして、渋沢栄一や細川護立《もりたつ》らの関与で1918年に設立された団体である。震災に関しては被災した留学生を保護する活動もおこなっている。

東京メトロ、都営地下鉄 本郷三丁目駅徒歩5分
問麟祥院（03-3811-7648）

10 荏原《えばら》郡満州開拓団殉難者慰霊碑（朗惺寺《ろうせいじ》）

品川区小山3-21-6

MAP p110 F4

武蔵小山の駅を降りてすぐ、長いアーケードの商店街が、武蔵小山商店街パルムである。その一番通りに面した朗惺寺に、荏原郡満州開拓団殉難者慰霊碑が残されている。戦前、山の手大繁華街の1つにまで発展した武蔵小山商店街は、配給制強化による商業の苦難から1943年に商店街組合を解散し活路を満蒙開拓に求め、満州第十三次興安東京荏原郷開拓団として1300余名が大陸に向けて旅立った。しかし、他の開拓団同様、敗戦とソ連軍の侵攻により多くは故郷に帰れなかった。わずかな生還者が殉難者への哀悼をこめ、1957年に慰霊碑を立てた。この碑もまた現在の商店街の賑わいに連なる歴史の1つである。

東急目黒線武蔵小山駅徒歩5分
問03-3781-2876

11 まんしゅう地蔵（浅草寺）

台東区浅草2-3-1

MAP p102 E3

浅草寺境内の宝蔵院門の右手に「まんしゅう地蔵」とも呼ばれる母子地蔵尊がある。

ソ連参戦と日本の敗戦で混乱状態となった中国東北部からの引揚げは、政府や軍隊の保護もなく、過酷なものであった。とりわけ幼い子を連れた母親の労苦は甚大で、逃げ惑うなかで生き別れとなったり、飢えや疫病に苦しみながらなくなったりなどその悲劇は数知れず、中国残留孤児問題など現在にまで傷跡を残している。

母子地蔵尊は1997年、犠牲となった母子の霊を慰め、いまだ再会かなわない親と子の心の拠り所として二度と戦争という過ちを繰り返さないことを祈念するために建立された。像のデザインは、自身も引揚げ体験者である、漫画家のちばてつや氏である。

東京メトロ、都営地下鉄浅草駅徒歩5分
問浅草寺（03-3842-0181）

17 占領下の東京

1945年8月のポツダム宣言受諾を背景に、日本はアメリカ軍中心の連合国軍の占領下にはいった。その足跡を訪ねてみよう。

厚木基地に降り立つマッカーサー元帥（1945年8月30日、朝日新聞社提供）

東京湾上ミズーリ号での降伏文書調印（1945年9月2日）

東京には進駐《しんちゅう》軍が接収した建物がまだ多く残っている。日本統治の中心機関である**連合国軍最高司令官総司令部（GHQ／SCAP）**1が、皇居外苑《がいえん》の日比谷濠端《ほりばた》にある第一生命館に設置されたほか、馬場先《ばばさき》門脇の明治生命館が**対日理事会**2の会議に使用された。戦前の東京は、旧日本軍に関係する施設・工場・飛行場・練兵場がおかれた軍都でもあったが、そのほとんどが連合国軍によって接収された。現在の北区一帯に広がっていた東京第1陸軍造兵廠も同様で、**米陸軍技術情報センター**3として使用された建物が北区中央公園文化センターとして現存している。また、華族の邸宅であった**旧前田家本邸**4や**和敬《わけい》塾本館**5、**旧古河庭園洋館**6などが連合国軍将校宿舎として使用されたほか、代々木練兵場（現在の代々木公園）がワシントンハイツ、陸軍成増《なります》飛行場（現在の光が丘団地）がグラントハイツと名づけられ、進駐軍の兵舎として用いられた。さらに、進駐してきた兵士専用の商業施設（PX）として、**銀座の和光《わこう》**7や三越が使用された。

一方、戦争犯罪の処断に向け、A級戦犯に対する**極東国際軍事裁判所東京法廷（東京裁判）**8が陸軍士官学校だった建物（現在の防衛省市ヶ谷記念館）で開かれ、インドの**パール判事**9ら一部の反対意見があったものの有罪判決がくだり、東条英機《とうじょうひでき》ら7人の処刑は収監されていた**巣鴨プリズン**10で執行された。

1951年9月、講和会議に臨んだ**吉田茂首相**11が、サンフランシスコ平和条約に調印し、翌年4月には日本は主権を回復したが、平和条約調印の夜には日米安全保障条約も締結され、進駐軍の一部は在日米軍として残留することとなった。戦後、米空軍に接収されていた立川基地の拡張計画が動き出した1956年に起こった砂川《すながわ》闘争では、農民たちが鎮守の**阿豆佐味《あずさみ》天神社**12に集結した。

1 連合国軍最高司令官総司令部(旧第一生命館)

千代田区有楽町1-13-1　DNタワー21

方柱が立ち並ぶモダニズム様式を用いた第一生命館は、渡辺仁《じん》の設計で1938年竣工の建物。1945年9月から6年あまり、日本を間接統治した連合国軍最高司令官総司令部(GHQ)がおかれた。執務室はマッカーサーの意向から、実用本位の机と椅子が用いられた。周年行事など不定期の公開のみだが、第一生命ホームページで執務室のバーチャルビューが可能である。

MAP p105 B1

交通整理をするMPの背後の建物がGHQ本部。

🚉都営地下鉄日比谷駅徒歩1分、東京メトロ日比谷駅徒歩3分
問第一生命(03-3283-9252)

2 対日理事会議場(明治生命館)

千代田区丸の内2-1-1

1934年に竣工した、コリント式の列柱が美しいネオルネサンス様式の建物で、国重要文化財。設計は歌舞伎座などを手がけた岡田信一郎。アメリカ極東空軍司令部として接収されたが、2階会議室が最高司令官の諮問機関である対日理事会の議場として使用されたことで有名。週末の日中と水・木・金曜の夕方に見学できる(公開エリアは一部異なる)。

MAP p105 B1

元アメリカ極東空軍司令部(明治安田生命ビル)

元GHQ対日理事会議場

🚉東京メトロ二重橋駅徒歩1分、JR東京駅徒歩5分
問明治安田ビルマネジメント丸の内センター(03-3283-9252)

3 米陸軍技術情報センター(北区中央公園文化センター)

北区十条台1-2-1

戦前、城北地区に展開した兵器・銃弾・軍服などの製造工場群を統括する東京第1陸軍造兵廠の本部として、1930年に竣工した建物。創建時、外壁には茶系のスクラッチタイルを使ったが、戦後アメリカ軍に接収された際に、白色に塗りかさねられた。ベトナム戦争時のアメリカ軍王子キャンプ野戦病院設置反対運動などを経て、1971年に返還された。

MAP p110 F2

🚉JR埼京線十条駅またはJR京浜東北線王子駅徒歩15分
問北区中央公園文化センター(03-3907-5661)

4 旧前田家本邸(米空軍司令官邸・連合国軍最高司令官邸)

目黒区駒場4-3-55　目黒区立駒場公園

加賀百万石前田家16代、侯爵前田利為《としなり》の本邸として、1929年、イギリス・チューダー様式を取り入れて建築された、内装も贅《ぜい》を極めた洋館である。裏手に1930年竣工の和館もある。戦後、連合国軍に接収され、米国第5空軍司令官邸、のちにはマッカーサー解任後の連合国軍最高司令官リッジウェイの官邸として利用された。国重要文化財。

MAP p109 C2

🚉京王井の頭線駒場東大前駅徒歩12分
問洋館ー旧前田家本邸洋館(03-3466-5150)
和館ー目黒区駒場公園和館管理事務所(03-3460-6725)
保存工事のため2016年7月〜2018年9月休館

5 和敬塾本館（旧細川護立侯爵邸、オランダ軍士官宿舎）

文京区目白1-21-2

肥後熊本54万石細川家16代、侯爵細川護立《もりたつ》の本邸として、1936年に建てられたチューダー・ゴシック様式を基調とした洋館。内部には和室もあり、和風意匠《いしょう》が随所にみられる。戦後、将校宿舎として使用された。返還後、実業家前川喜作が設立した男子学生寮「和敬塾《わけいじゅく》」の施設となっている。原則非公開だが、東京都文化財ウィークのほか、月1～2回不定期で公開している。

MAP p106 G3

東京メトロ護国寺駅徒歩10分
問 公益財団法人和敬塾(03-3941-6622)

6 旧古河庭園洋館（旧古河虎之助《とらのすけ》男爵邸・英大使館駐日武官宿舎）

北区西ヶ原1-27-39　旧古河庭園内

足尾銅山を経営していた古河財閥の第3代男爵古河虎之助の邸宅として、ジョサイア・コンドルの設計により1917年に竣工した。古河財閥の迎賓館として使用されたのち、旧日本陸軍が接収し中国国民党の汪《おう》兆銘《ちょうめい》が滞在していたこともある。戦後は英国大使館付き武官の宿舎として接収された。建物内の見学は要事前申込（月曜を除く）。

MAP p110 G2

JR京浜東北線上中里駅または東京メトロ西ヶ原駅徒歩7分
問 公益財団法人大谷美術館(03-3910-8440)

7 PX跡（銀座和光）

中央区銀座4-5-11

都内各地に進駐軍用の英文道路標識が立てられ、兵舎群の外にもPX（POST EXCHANGE売店）が設けられ、銀座4丁目交差点に面する和光や三越のほか、松屋も指定された。時計塔をもつ和光は服部時計店（現在のセイコー）の本店ビルとして1932年に完成したネオ・ルネサンス様式の建物で、第一生命館にもかかわった渡辺仁の設計。

MAP p105 B1

戦後すぐの服部時計店

東京メトロ銀座駅徒歩1分
問 銀座和光本館(03-3562-2111)

8 極東国際軍事裁判法廷（防衛省市ヶ谷記念館）

新宿区市谷本村町5-1

陸軍士官学校本部として、1937年に完成した建物。戦後、A級戦犯を裁く極東国際軍事裁判所東京法廷として使われた。接収解除後は陸上自衛隊東部方面総監部となったが、1970年、三島由紀夫が玄関上のバルコニーから自衛隊の決起を呼びかけ、かなわないとさとったのちに、割腹《かっぷく》自決した場所でもある。防衛省市ヶ谷台ツアー（平日、要事前予約）の一環としての見学のみ。

MAP p106 G5

JR中央線、東京メトロ市ヶ谷駅徒歩1分
問 防衛省大臣官房広報課記念館係(03-3268-3111)

9 パール博士顕彰碑（靖国神社）

千代田区九段北3-1-1 靖国神社境内 MAP p106 H5

極東国際軍事裁判（東京裁判）で判事を務めたイギリス領インドの法学者。A級戦犯を裁くため、連合国側が新しく設定した「平和に対する罪」「人道に対する罪」は事後法であり、法の制定から遡って適用するのは国際法上正しくないと、罪刑法定主義の立場から無罪を主張した。碑は靖国神社境内の遊就館《ゆうしゅうかん》脇にある。

東京メトロ九段下駅徒歩5分
問靖国神社社務所(03-3261-8326)

10 巣鴨プリズン跡（東池袋中央公園）

豊島区東池袋3-1-6 MAP p106 G1

戦前の東京拘置所《こうちしょ》が接収され、戦争犯罪人の収容施設「スガモプリズン」とされた。極東国際軍事裁判で有罪判決を受けたA級戦犯のうち、東条英機ら7人が処刑された場所でもある。1971年、拘置所が移転した跡地はサンシャイン60に再開発されたが、絞首台のあった一角は東池袋中央公園とされ、慰霊碑「永久平和の碑」が建立されている。

東京メトロ東池袋駅徒歩5分
問豊島区都市整備部公園緑地課
公園管理係(03-3981-0534)

11 吉田茂像（北の丸公園）

千代田区北の丸公園1-1 MAP p103 A5

戦前は親米英派の外交官、戦後は占領期から独立回復にいたる期間、延べ2616日の長きにわたり首相を務めた吉田茂の銅像（舟《ふな》越保武《こしやすたけ》作）が、北の丸公園の科学技術館北隣にある。主権回復を期して臨んだサンフランシスコ講和会議において演説する写真や、その折の演説原稿の巻紙を外交史料館別館でみることができる。

東京メトロ竹橋駅徒歩10分
問環境省皇居外苑管理事務所
(03-3201-1017)

12 砂川闘争と阿豆佐味天神社

立川市砂川町1-40 MAP p111 C3

旧陸軍立川飛行場は、1952年の主権回復後もアメリカ軍が引き続き使用していた。1956年、滑走路延長のための測量が基地北側の農地で強行されると、阿豆佐味天神社に集結した農民は「土地に杭は打たれても心に杭は打たれない」と、反対運動を繰り広げた。神社そばの砂川学習館に闘争記録の資料コーナーがある。また南に5分ほどの地には「平和之礎」碑が立つ。

西武拝島線武蔵砂川駅徒歩15分、
多摩モノレール砂川七番駅徒歩17分
問立川市砂川学習館(042-535-5959)

18 西洋建築にふれる

ヨーロッパ建築様式を日本人がどのように受け止め、そして戦後の高層ビル群が林立する東京の発展の基礎がつくられたかを振り返ってみよう。

日本に西洋の近代建築があらわれたのは幕末・明治維新期以後のことである。江戸時代以来の大工の棟梁たちが、みようみまねでつくった洋風建築は「擬洋風建築」といわれ、松本の開智学校や山形の鶴岡警察署など各地に残されている。

日本人最初の建築家は、ジョサイア・コンドルの教えを受けた辰野金吾・片山東熊《とうくま》・曾《そ》禰《ね》達蔵・佐立《さたて》七次郎の4人から始まった。19世紀末のヨーロッパでは、建築をギリシア・ローマ建築から始まる古典的な**歴史様式**1 2 3で飾るのに飽き、新しい建築デザインの波が広がっていた。19世紀末から20世紀初頭にかけてジャポニスムの影響を受けた植物的曲線を多用する装飾的な**アール・ヌーボー**4がフランスやベルギーで始まった。それとは対照的に垂直な線とシンプルな装飾が特徴的な**セセッション**5がオーストリア・ドイツから拡大した。

1910年代から、ドイツや北欧で始まった表現主義は、美術作品ではムンクの「叫び」にみられる内面からの表出となり、建築では造形上のダイナミック形態表現と空間に表情を与えようとする**ドイツ表現主義**6となった。

また、1920年代以後の工業化社会を背景に、アール・ヌーボーの過剰な曲線的装飾にかわって、実用的で直線的なデザインの**アール・デコ**7の建築が流行した。

こうしたなかで、装飾性を廃し、機能主義的で普遍的な利便性を追求した現代のビル群の様式が提案された。この思想によってつくられたビル建築を、**インターナショナル建築**8 9 10という。

東京都庭園美術館（旧朝香宮邸）の大食堂（上）と次室《つぎのま》の香水塔（下）

ロダンが見守る国立西洋美術館本館

国立西洋美術館 世界文化遺産に登録

トルコのイスタンブールで開催されたユネスコ（国連教育科学文化機関）の世界遺産委員会は、２０１６年7月17日、国立西洋美術館本館（東京都台東区）を含む「ル・コルビュジエの建築作品」（7カ国17資産で構成）の世界文化遺産登録を決めた。日本国内の世界遺産は20件目（文化遺産16件、自然遺産４件）で、東京都内では２０１１年に世界自然遺産に小笠原諸島が登録されているが、世界文化遺産は初めての登録である。ル・コルビュジエの作品群が20世紀の近代建築運動に大きな影響を与えたことを評価し、国立西洋美術館本館については日本における近代建築運動に大きく貢献したとの理由を示している。複数の大陸にまたがる世界文化遺産は初めてでもある。

国立西洋美術館本館は、戦前、川崎造船社長の松方幸次郎がヨーロッパでモネやロダンの美術作品を収集した「松方コレクション」がフランスに残り、戦後、連合国管理下におかれたが、フランスから寄贈返還されるのを機に、これらを受け入れるために１９５９年に上野公園に建造された美術館である。ル・コルビュジエによる基本設計を元に、彼の日本人弟子である前川國男、坂倉準三、吉阪隆正が実施設計して完成させた。

ル・コルビュジエは建築のみならず絵画・彫刻・家具などにも取り組み、合理的、機能的で明晰なデザイン原理を絵画、建築、都市計画において追求し、20世紀の建築に大きな影響を与えた。国立西洋美術館について、彼は巻貝が中心から外に向かって広がっていくように、コレクションが増加するにしたがい建物の外側に展示室を追加できる「無限成長美術館」を構想し、実現しようとした。

◎所在地
東京都台東区上野公園７−７

国立西洋美術館１階の19世紀ホール

1 ロマネスク様式（一橋大学兼松《かねまつ》講堂）

国立市中2-1

MAP P110 C3

一橋大学は、1875年の商法講習所から始まり、東京商業学校などを経て、1920年に東京商科大学となった。当時は神田一ツ橋にあったが、関東大震災で罹災《りさい》し、1930年までに現在の国立への移転を完了した。大学キャンパスの建物は、ほぼ全体的にロマネスク風だが、キャンパスのなかでも大学のシンボルともいえる兼松講堂はとくに中世ヨーロッパの教会や修道院を思わせるロマネスク様式が色濃く漂う。1927年完成のこの講堂は、神戸の兼松商店が創立者の13回忌を機に寄付した。多用された開口部のアーチや建物のロンバルト風の帯模様がロマネスクを印象づけている。

JR中央線国立駅徒歩5分
問042-580-8032

2 ルネサンス様式（和光ビル・国際子ども図書館）

MAP P105 B1、P103 C2

和光ビルは銀座の象徴である。銀座四丁目交差点の角に立地し、時計台を乗せたその姿は、銀座の格式と性格を決定的なものにした。連続した細身の窓と屋上の蛇腹が、軽快なルネサンス調の建物を表現している。設計者の渡辺仁は、上野の東京国立博物館ではコンクリートビルに日本風の屋根を乗せた帝冠様式、濠端の第一生命館は四角い列柱の並ぶ新古典主義を用い、和光ビルでは、近世復興様式のルネサンス風ビルにしてしまう力量をみせつけている。

国際子ども図書館は、国立国会図書館に付属する日本ではじめての児童書や児童書にかかわる文献の専門図書館として、2000年に設立された。建物に使用されている旧帝国図書館はルネサンス様式の大建築で、建物内部の意匠はフランスのナポレオン時代の帝政様式（アンピール様式）といわれている。1897年に帝国図書館に関する法令ができたが、上野公園内に建物が完成したのは1906年である。

和光ビル
中央区銀座4-5-11
東京メトロ銀座駅徒歩1分
問03-3562-2111

国際子ども図書館
台東区上野公園12-49
JR、東京メトロ上野駅徒歩10分
問03-3827-2053

3 スパニッシュ様式（山二《やまに》証券）

中央区兜町4-1

MAP P103 C6

日本橋兜《かぶと》町の東京証券取引所の裏手にある証券会社のオフィスビル建築である。外壁は1階部分が石貼り、2・3階が茶色のタイル貼りである。屋根のスペイン風瓦が印象的である。円窓は陶器のテラコッタで縁どり、2つの入り口には渦巻き風のサラセン調の列柱が2本配されている。設計者は銀行建築家として数々の銀行を設計した西村好時である。西村は西洋古典主義建築をおもな仕事としたが、スパニッシュ風の建築は異色である。完成は大正末年とも、1936年ともいわれている。

東京メトロ茅場町駅徒歩5分、
都営地下鉄日本橋駅徒歩10分
問03-3666-1151

コラム

東京にみる古典主義建築

古典建築様式における円柱の形式とそれに付随する建築物の比例体系をオーダーという。ギリシア建築では建物各部の相互関係、とくに寸法的比例＝プロポーションが重要であると考えられた。ギリシア建築ではなかでも円柱を重視し、その柱の基部の半径を一単位とし、その倍数を用いて柱の高さや柱と柱のあいだの寸法、そのほか各部の寸法を定める方式をつくり出した。それゆえ、柱そのものがオーダーということもある。

ギリシアの円柱形形式には、古い木造建築時代の名残りをとどめる**ドーリア式**、小アジアに起源をもつとされる優雅な**イオニア式**、前5世紀頃にあらわれた繊細で華麗な**コリント式**の3種があり、それぞれ特徴的な柱頭と装飾をもっていた。

東京国立博物館の南西の角地に黒田記念館と向かい合って建つ小さな建築物がある。**京成電鉄の博物館動物園駅**（台東区上野公園13-23）で、今は使用されていないが、日本国中を探してもこのような立派な出入り口をもった地下鉄駅はないであろう。駅舎出入り口の屋根はエジプトの階段状ピラミッドのようで、2本のドーリア式列柱からなかにはいると古代ローマのパンテオン神殿風になっている。軒の上のアーカンサスの葉も丹念に1つ1つ彫られている。

1928年に竣工した**黒田記念館**（台東区上野公園13-9）は、**明治生命館**や**旧歌舞伎座**を設計した岡田信一郎の設計である。茶色のスクラッチタイルを貼り、2階部分の展示室は窓をつくらず、天窓による自然採光にし、イオニア式の柱頭をもった2本の列柱を2組配することで表情をつけた。内部の各室には日本へ印象派の色彩をもたらした（外光《がいこう》派という）黒田清輝の作品をみることができる。

三井本館（中央区日本橋室町2-1-1）は、1926年着工、29年竣工の、ニューヨークの建築会社によって建設された本格的なアメリカ系銀行建築である。3階部分に突き抜けたコリント式オーダーで、重厚さを形づくっている。内部は1階ホールの総大理石貼りで吹抜け空間が素晴らしい。また、3階部分の外壁には当時の三井財閥がかかわっている、さまざまな業種を象徴するレリーフをみることができる。

ドーリア式柱頭

築地教会

京成電鉄の博物館動物園駅

イオニア式柱頭

農林中金

黒田記念館

コリント式柱頭

青山学院間島記念館

三井本館

4 アール・ヌーボー（旧小笠原伯爵邸）

新宿区河田町10-10

MAP p106 F4

設計は曾禰中條建築事務所で、1927年に竣工した鉄筋コンクリート造りの邸宅である。設計を依頼した小笠原長幹は旧小倉藩主の家柄で、ケンブリッジ大学に学び、貴族院議員を務めていた。邸宅は当時アメリカで流行していたスパニッシュ様式であり、イタリアやスペインの住宅にある中庭（パティオ）が素晴らしい。外壁は、日本にはアール・ヌーボーとともにはいってきたモザイクタイルで彩られている。10〜20㎜角程度の大理石・磁器・ガラスを多用した植物的曲線の装飾を楽しもう。

都営地下鉄若松河田駅徒歩1分
問03-3359-5831

5 セセッション（矢口書店）

千代田区神保町2-51

MAP p103 B5

神田神保町は、昔も今も古書の街である。その一角に建つのが矢口書店で、木造モルタル造りの3階建てである。建築・設計者はよくわかっていないが、1928年に建てられたという。最上部に三角の屋根を乗せているが、その屋根妻部分の三連のアーチや、表に出した桂形の正面上部には、単純化された円や直線をモチーフとしたセセッション風の飾りがみえる。神保町には昭和初期のモダンな商店建築が今でも残っているが、矢口書店もその1つである。

都営地下鉄神保町駅徒歩1分
問03-3261-5708

6 ドイツ表現主義（東京消防庁高輪消防署二本榎出張所・京橋の親橋）

MAP p108 H5、p105 C1

高輪消防署二本榎出張所は、1933年に建築された消防署である。建物のある二本榎通りは、京都から江戸へはいる旧東海道筋であり、標高28mの高輪台の尾根道の交差点に建っている。1930年前後に流行したドイツ表現主義の建築設計で、特徴ある外観から地域のシンボル的な存在となっている。鉄筋コンクリート造りで地上3階建てである。外観は、各階の窓が機能の相違の異なった形で表現されている。2階の階段ホールには、ホールの円柱・壁・天井のあいだにギリシア・ローマ時代の円柱装飾様式が用いられている。3階の円形講堂は、8本の半円柱と8本の梁とによる構成が中心部に集まる意匠をもち、上部の丸い縦長の窓と一体となり、ドイツ表現主義の特徴が顕著である。3階の円形講堂の上には、鉄筋コンクリート造りの望楼が構築されている。新築当時は東京湾を一望できた。二本榎出張所に問い合わせれば、建物内部を見学することができる。

かつて東海道だった日本橋から南へ向かい、現在の中央通りが外堀から東へ分岐し、東京湾に向かって流れていた東西方向の京堀を渡る橋が京橋である。戦災のガレキで堀は埋め立てられ、橋の親柱だけが首都高の下に残されている。はじめての架橋は慶長年間とされ、江戸時代にたびたび架けかえられたが、1875年に石橋となった。1922年に架けかえられた時のランタン付きの親橋が銀座側に残されている。上部の丸いふくらみを強調した形は、ドイツ表現主義の特徴をよく残している。

東京消防庁高輪消防署二本榎出張所
港区高輪2-6-17
東京メトロ、都営地下鉄白金台駅徒歩10分
問03-3473-0119

京橋の親橋
中央区銀座1-17
東京メトロ京橋駅徒歩5分

7 アール・デコ様式（東京都庭園美術館・三菱倉庫本社ビル）

MAP p108 G5、p103 C6

東京都庭園美術館は、日本で唯一無比といえるアール・デコ様式で覆われた邸宅であり、世界でもこれほどのアール・デコはないといわれている。陸軍将校としてフランスに留学した皇族朝香宮《あさかのみや》鳩彦が、1925年にパリで開催されたアール・デコ博覧会を体験したことが要因である。高輪から白金へ移るに際し、その新居の意匠構成をアール・デコの第一人者だったアンリ・ラパンに依頼し、全体の設計と管理を宮内省内匠寮が担当した。とりわけ内部のインテリアに、その様式が強く描かれている。ルネ・ラリック製作によるガラス・スクリーンの玄関やセーブル製の白磁の香水塔のほか、照明器具から室内装飾はすべてアール・デコである。

日本橋川と昭和通りに面した三菱倉庫本社ビルは、竹中工務店によって1930年に建てられた。江戸橋のたもとの水辺からみると、まるで豪華客船のブリッジのような塔が印象的である。3・4階の窓の配置や5階の半円形の窓、屋上のラインなどにアール・デコ様式の影響がみられる。横を通る首都高からみるフォルムが美しい、都市型近代建築物である。

東京都庭園美術館
港区白金台5-21
🚉JR山手線目黒駅徒歩7分、
東京メトロ、都営地下鉄白金台駅徒歩6分
問03-3443-0201

三菱倉庫本社ビル
中央区日本橋1-19-1
🚉都営地下鉄日本橋駅徒歩5分
問03-3278-6611

8 インターナショナル建築（KITTE・東京深川モダン館）

MAP p103 B6、p104 E1

KITTEはもとは東京中央郵便局であった。赤煉瓦の東京駅前に建つ東京の中心的郵便局庁舎であり、関東大震災後の1931年、逓信省経理局営繕課（担当・吉田鉄郎）が設計した。東京駅を囲む敷地の形に合わせてゆるやかなカーブを描いている。ビルの外観はシンプルな箱形建築で、外壁や内装も装飾が略され、近代ビル建築の特徴である大きな窓が印象的ないわゆるインターナショナル建築のもっとも早い例の1つである。建築当時は、日本の現代建築としてブルーノ・タウトやレーモンドらの外国人建築家たちの絶賛をあびた。現在、外側だけを残した高層インテリジェントビルに生まれ変わったが、昭和初期のビル建築の面影をしのぶことができる。

東京深川モダン館は東京メトロ東西線の門前仲町駅から歩いて約3分の所にある。戦前は深川食堂と呼ばれ、生活困窮者に食事を提供する所であった。由来ははっきりしないが、深川の大商人の住宅として昭和初期に建てられたといわれる。階段の丸い窓はモダニズムの雰囲気を漂わせているが、2階の大きく広い窓は現代のビル建築を思わせる。

KITTE
千代田区丸の内2-7-12
🚉JR東京駅徒歩1分
問03-3216-2811

東京深川モダン館
江東区門前仲町1-19-15
🚉東京メトロ門前仲町駅徒歩3分
問03-5639-1776

9 現代のビル（中銀カプセルタワー、静岡新聞・放送東京支社）

MAP p105 B2

1960年代後半から70年代にかけて、建造物のメタボリズムが提案された。メタボリズムとは新陳代謝のことであり、生物が新陳代謝によってその生命を維持していくように、建造物にも新陳代謝があるべきだという考え方である。黒川紀章が提案した中銀カプセルタワーは都心部につくられたホテルとセカンドハウス的機能を同時に備えた宿泊施設である。1つ1つのカプセルは、居住空間としてさまざまな生活用具がユニット化されている。エレベーターや階段などの垂直的動線をおさめた中央シャフトの周りには、量産されたカプセル状の部屋が、片持梁によって樹の枝や葉のようについている。ユニットを交換・配置し直すことで建物の新陳代謝を実現しようとしたものだが、実際に各ユニットの交換がおこなわれたわけではない。

静岡新聞・放送東京支社は、丹下健三が設計した象徴性の高い事務所ビルである。このビルでは樹木の幹と葉になぞらえたエレベーター・階段をおさめたコアシャフトから事務空間が張り出すように設計され、ダイナミックな空間を表現している。竣工した1967年は、東京オリンピックによる新幹線や首都高速道路の建設によって東京が変貌している時である。それに向き合うように首都高のカーブに対峙《たいじ》している姿が印象的である。

中銀カプセルタワー
中央区銀座8-16-10
JR山手線、東京メトロ新橋駅徒歩4分、都営地下鉄汐留駅徒歩4分

静岡新聞・放送東京支社
中央区銀座8-3-7
JR山手線、東京メトロ新橋駅徒歩4分、都営地下鉄汐留駅徒歩2分
問03-3571-7231

10 高層ビル（霞が関ビルディング・池袋サンシャイン60）

MAP p105 A1、p106 G1

霞が関ビルディングは、地上36階・地下3階の日本最初の超高層ビルである。1961年、東京オリンピックを控え、特定街区制度が設けられ、有効な空き地の確保や適正な街区の形成などを前提として、従来のビルの高さ制限31mが撤廃されることとなった。これによって36階で、高さ147mの超高層オフィスビルが法的に可能となった。計画・施工の合理化や工業化から考えて、1・6mの基本単位が採用され、超高層時代に向かう日本のビル建設の基盤がつくられた。

霞が関ビルについで建設されたのが、池袋のサンシャイン60である。サンシャイン60は、地上60階建て、高さ240mという超高層オフィスビルであり、長く、日本でもっとも高いビルの地位を保っていた。もともとこの敷地はA級戦犯として東京裁判で死刑を宣告された東条英機らが収監されていた巣鴨プリズン跡であり、一角にはここで処刑されたA級戦犯たちの慰霊碑も立っている。サンシャイン60を中心とするこの一画は、「サンシャイン・シティ」として、オフィス、ホテル、水族館、劇場などを備えた複合化された文化空間となっている。

霞が関ビルディング
千代田区霞が関3-2-5
東京メトロ虎ノ門駅徒歩2分
問03-3580-7877

池袋サンシャイン60
豊島区東池袋3-1-1
JR山手線池袋駅徒歩8分、東京メトロ東池袋駅徒歩3分
問03-3989-3331

19 東京からみはるかすアジア

東京には数多くのミュージアムがある。扱う資料やテーマもさまざまであるが、ここではアジアの広がりとそのなかでの日本を体感できるミュージアムと宗教施設を訪ねよう。

日本でも稀《まれ》な大規模ミュージアムが集まる上野公園。そのなかで日本最古のものが東京国立博物館である。その東洋館1はアジアの古美術の殿堂ともいえる施設で、「東洋美術をめぐる旅」をテーマに約2万件の資料から約1000点が展示されている。正倉院をイメージした建物は谷口吉郎の設計である。

多くの人で賑わう池袋サンシャインシティの古代オリエント博物館2は、日本初の古代オリエントをテーマとした博物館である。1978年の開館以来シリアで発掘調査をおこない、その出土品に加え、考古・美術・歴史などの幅広い資料を展示している。野川公園のほど近くには、中近東文化センター3がある。古代メソポタミアの神殿をイメージした建物は、アナトリア考古学研究所と三笠宮記念図書館を併設しており、その研究成果が展示に活かされている。

御茶ノ水駅から明大通りを歩くと、楽器店などが建ち並ぶなかに聖書考古学資料館4がある。聖書考古学とは、聖書にある内容のどこまでが史実であるかを発掘調査から検討する学問であり、ここではその貴重な成果をみることができる。

アジア関連文献資料の宝庫は何といっても駒込の東洋文庫5であろう。ここは三菱第3代当主岩崎久《ひさ》彌《や》が1924年に設立した、東洋学分野での日本最古・最大の研究図書館であり、その貴重な資料や研究成果を公開する施設として、2011年ミュージアムが開設された。

また、多様な人が暮らす東京は、その宗教にかかわる施設も都市の風景となっている。代々木上原駅近くの車窓から目をひくドームの屋根と尖塔は、日本最大級のモスク、東京ジャーミイ6である。コリアンタウンとして有名な大久保は、多様なアジア諸国の人々の街でもあり、鮮やかな赤い屋根の東京媽《ま》祖《そ》廟7は、台湾出身者の信仰と心の拠り所としてだけでなく日本と台湾の文化交流の場になることを目的として建造された。

東京ジャーミイ

1 東京国立博物館東洋館

台東区上野公園13-9

MAP P103 C2

2013年に耐震改修工事を終えて、リニューアルした東京国立博物館の東洋館は、最新の展示技術を用い、美しさと迫力を兼ね備えた空間となっている。

はいってすぐの中国の仏像は、露出展示で周囲をめぐりつつ、ゆったりと細部まで眺められる。パシェリエンプタハのミイラを中心とした西アジア・エジプトの美術展示室は、モダンさと神秘性を兼ね備えた美しい空間だ。横河コレクションに代表される中国陶磁は、その歴史を概観できる質と量であるほか、茶道の普及により珍重されるようになった名物裂《めいぶつぎれ》には、中国以外にインドやペルシアの生地もある。小さなもののなかに凝縮された世界性が感じられ、館内を旅するなかできっと東洋美術への入り口を開いてくれるものに出会えるだろう。

JR、東京メトロ上野駅徒歩10分
問03-3822-1111

2 古代オリエント博物館

豊島区東池袋3-1-4

MAP P106 G1

オリエントとは、ラテン語で「東方の地」という意味であり、地中海世界からみた現在のエジプトや西アジア地域を指す。これらの地域は文明発祥の地であり、この地で生み出されたさまざまな知恵や工夫は現代にも受け継がれていることがわかる。

タッチパネル式の展示解説「みどころルーペ」や「さわって学ぶ古代オリエント地図」などデジタル技術も導入し、展覧会によっては衣装体験もできるなど、親しみやすい展示である。

また、古代オリエントについて深く学びたい人の好奇心を刺激する講座が多く開講されている。ミュージアムショップの品揃えも多様で、メソポタミアの印章レプリカや古代オリエントにちなんだグッズなど、眺めているだけでも楽しい。

イラン出土のこぶ牛形土器(紀元前1200〜80年)

エジプト新王国時代の彩色人物像浮彫

東京メトロ東池袋駅徒歩6分
問03-3989-3491

3 中近東文化センター附属博物館

三鷹市大沢3-10-31
MAP p110 D3

中近東文化センターは、三笠宮崇仁《みかさのみやたかひと》殿下のご発意のもと、出光佐三《いでみつさぞう》の協力により、時間的・空間的に壮大で、内容が豊富な中近東の歴史的文化を研究する場として、またその成果を公開する施設として設立された。

人類文明発祥の地であるエジプト・メソポタミアに関する出土品から、ペルシアの工芸品、オスマン帝国の陶磁器まで幅広い内容が、テーマごとにわかりやすく展示されている。小麦を石うすで挽《ひ》いてみたり、楔形文字を書いたりするなど、体験しながら学べる展示もあり、子どもから大人まで楽しみながら中近東地域の文化に親しめる。

設立の経緯から、三笠宮崇仁殿下の古代オリエントに関する研究成果の展示、出光美術館の名品コーナーもある。

中近東文化センターのマスコット、カバのルリカ

JR中央線吉祥寺駅・三鷹駅・武蔵境駅からバス「西野」徒歩5分
問0422-32-7111　※見学は予約制

4 聖書考古学資料館

千代田区神田駿河台2-1
MAP p103 B4

聖書考古学資料館は、聖書の時代の人々が実際に生活し、具体的にかかわりをもった世界を、目にみえる情報資料でできるだけリアルに再現することと、そこから聖書に対するより正しい理解が得られることを目的とした、ごく小さな資料館である。聖書といえばキリスト教にかかわる美術作品や道具を想像するが、ここではランプや壺などの生活道具のほか写真パネルなどから、ユダヤ教やキリスト教の背景をとらえることができる。

大型の資料にはレプリカもある。古代オリエント諸王国の盛衰が描かれ、イスラエル王の姿も刻まれたアッシリア王シャルマネセル3世のブラック・オベリスクはアジアでは唯一の貴重なものである。

JR中央線・総武線、東京メトロ御茶ノ水駅徒歩3分
問03-3296-8889　※月・土曜の午後開館

5 東洋文庫ミュージアム

文京区本駒込2-28-21
MAP p103 A1

世界五大東洋学研究図書館の1つである東洋文庫の所蔵する書物を中心とした展示は、最新のデジタル技術を駆使し、本そのものの美しさを活かした壮観さで、まさに「時空を超える本の旅」を楽しめる展示空間である。もっとも知られたモリソンコレクションが展示されているモリソン書庫は、展示室でもある。

屋外展示も見逃せず、アジア各地の名言が原語で刻まれた知恵の小径や、『日本植物誌』に掲載される木々や花々の実物があるシーボルトガルテンは、小さいながらも都会の喧騒のなかで深い思索のときを過ごせる。また、岩崎久彌も経営者であった小岩井農場との共同プロデュースによるオリエント・カフェでは、東西交流にかかわる人物にちなんだメニューが味わえる。

JR山手線、東京メトロ駒込駅徒歩8分
問03-3942-0280

6 東京ジャーミイ

渋谷区大山町1-19

1938年にロシア革命を逃れたタタール人たちが建造した東京回教礼拝堂が、その老朽化にともない1986年に取り壊され、2000年に再建されたのが東京ジャーミイで、日本最大級のモスクである。礼拝堂のほかにトルコ文化センターも併設されており、多目的ホールや会議室、ギャラリーなどを備えている。ここでは、料理教室やイスラームについての理解を深める講座が随時開催されている。

その内部は、トルコの職人たちの手による装飾タイル、幾何学模様・植物模様（アラベスク）、アラビア語の書道、ステンドグラスなどトルコ・イスラーム芸術の伝統意匠で飾られ、美しさと厳かさを兼ね備えた空間となっている。

MAP p109 C2

🚃小田急線・東京メトロ代々木上原駅徒歩5分
㊐東京ジャーミイ・トルコ文化センター（03-5790-0760）
※見学の際には、女性はスカーフを持参、肌の露出の少ない服装で。

7 東京媽祖廟

新宿区百人町1-24-12

東京媽祖廟は、2013年10月に建造された。媽祖は航海・漁業の守護神として福建や潮州《ちょうしゅう》など中国南部の沿海地域や台湾で篤く信仰されている道教の女神である。民衆のほか歴代皇帝も信奉し、「天后」「天妃」「天上聖母」などの称号がある。媽祖信仰は世界各地に移住した華僑によって広められ、その移住先のほとんどに媽祖廟がある。日本では1690（元禄3）年に明の心越禅師がもたらした天妃を徳川光圀《みつくに》が大洗の弟橘媛神社に合祀したのが始まりである。

東京媽祖廟は4階建てで、2階の朝天宮には媽祖とその随神である千里眼・順風耳、3階の本殿には媽祖と関聖帝君・武財神、4階の観音殿には準提菩薩・孔雀明王菩薩がそれぞれ祀られている。

MAP p106 E4

🚃JR中央線大久保駅徒歩1分
㊐東京媽祖廟事務局（03-5348-5220）

身近なモノから広がる世界

東京には老舗の企業も多くあり、その資料を公開しているところも多い。ここでは、私たちが日常的に使っているものを展示している企業ミュージアムを散策して、人類の共通性と世界の多様性を感じてみよう。

パソコンの普及で字を書く場面が減ったとはいえ、書く行為は私たちの生活に欠かせない。筆記具をはじめとした文具の歴史を一望できるのが、**文具資料館**である。ここには電卓以前に使われていた、手回し式計算機も多く展示されている。

モノを持ち運ぶためのカバンもまた生活に密着した道具であり、ファッションアイテムでもある。その形状や材質、使用される場面には世界各地の地域性があらわれており、**エース社の世界のカバン博物館**では、これらを眺めているだけで世界の広さを感じられる。カエル・鮭・クジャクなどの素材に驚き、西園寺《さいおんじ》公望《きんもち》がパリ講和会議に旅立った時のトランクに歴史を感じるうちに、時間がたつのを忘れてしまう。ビューラウンジからは隅田川と東京スカイツリーを臨める。

いまやわれわれの生活に欠かせない携帯電話の歴史を振り返ることができるのが、**NTTドコモ歴史展示スクエア**（墨田区横網1-9-2）である。船舶電話から最新の携帯電話までがずらりと展示され、技術の進歩と利便性の向上を実感する。ショルダーホンなどの実機を手に取ることもできる。

日本専売公社（現在のJT）によって設立された**たばこと塩の博物館**もおもしろい。たばこは、16世紀以降嗜好品としてアメリカ大陸からヨーロッパを経て世界各地に広まった。日本伝来後、庶民文化の一部となり、その風俗が錦絵に多く描かれたほか、煙管《キセル》やたばこ入れの精緻な細工は江戸文化

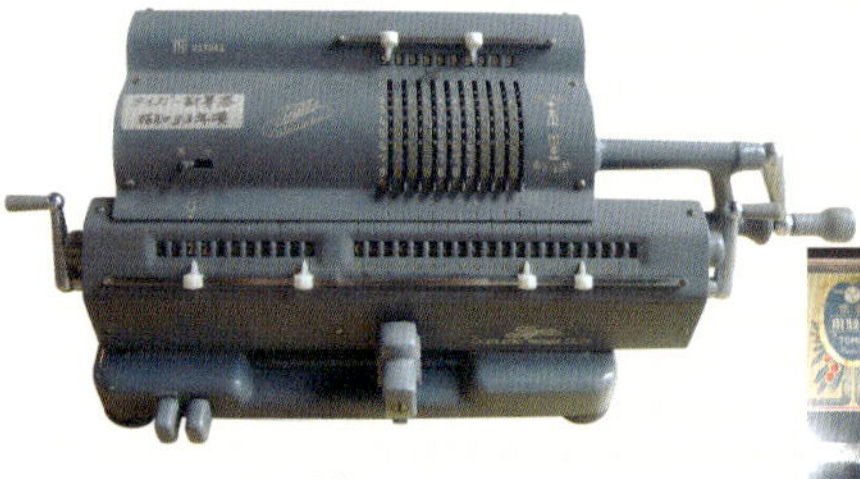

タイガー計算器

文具資料館
台東区柳橋1-1-15
🚃JR総武線、都営地下鉄浅草橋駅徒歩5分
㊂03-3861-4905

鉛筆の掛け紙

蒔絵の万年筆

の粋である。錦絵コレクションのほか、喫煙具やポスター、パッケージなどは何度でもみる価値がある。一方塩は、人間の生活に欠くべからざるものである。日本を含めた世界各地の塩資源や製塩業に関する実物資料や模型の展示がわかりやすく、岩塩彫刻「聖キンガ像」の美しさに魅了される。

世界のカバン博物館
台東区駒形1-8-10
🚇東京メトロ、都営地下鉄浅草駅徒歩1分
問03-3847-5680

穴子革の財布（日本）

西園寺公望のトランク

蛙革のバッグと財布（タイ）

たばこと塩の博物館
墨田区横川 1-16-3
🚇東武スカイツリーライン、東京メトロ、
都営地下鉄押上駅徒歩12分
問03-3622-8801

さまざまな岩塩

岩塩彫刻「聖キンガ像」

20 東京オリンピックの遺産

東京オリンピックは、経済復興をとげ国際社会に復帰した日本にとって、生まれ変わった姿を世界にアピールする格好の場であった。その遺産から国際交流の軌跡をたどってみよう。

東京オリンピック開幕式日本選手団の入場

1964（昭和39）年10月10日、皇居前を出発した聖火は、**沿道の「日の丸」がはためくなか**1、大観衆に見守られながら国立競技場にはいり、聖火台に点《とも》されると、大きな炎となって燃えあがった。アジア初の開催となる第18回オリンピック東京大会が、**93の国々と地域から5500人を超える代表選手・役員の参加を得て開幕した**2のである。

遡ること24年。1940年には第12回オリンピックが東京で開催されるはずだった。これはIOC（国際オリンピック委員会）委員の**嘉納治五郎《かのうじごろう》**3らの招致活動の成果であったが、日中戦争のため開催は取り止めとなった。

あらためて開催された東京オリンピックは、**国立霞《かすみ》ケ《が》丘《おか》陸上競技場**4をメイン会場に、全20競技が実施された。各国代表選手の多くは、かつて占領軍の家族住宅地区であった**ワシントンハイツ内の宿舎を整備してつくられた選手村**56に寄宿した。**各国の報道陣も選手村近くに宿泊**7し、報道合戦を繰り広げた。競技成績は、アメリカ・ソ連が他を圧倒したが、日本も金メダル獲得数ではこの両国に続く第3位であった。なかでも**アメリカの競泳陣の活躍**8はめざましく、ショランダー選手は金メダル4個を獲得した。日本のお家芸の**柔道**9では、無差別級でオランダのヘーシンク選手が優勝し、日本の全階級制覇を阻んだ。**女子バレーボール決勝戦**10では、日本が強豪ソ連を相手に激戦のすえ、優勝して感動を呼んだ。陸上競技のハイライトである**マラソン**11は、甲州街道がコースの一部とされ、前回のローマ大会で優勝したエチオピアのアベベ選手が2連覇をはたした。**50㎞競歩や自転車のロードレース**12でも甲州街道がコースの一部に使われている。閉会式では、選手たちが国や地域を超え肩を組んで入場し、オリンピックが「平和の祭典」であることを印象づけた。

1 国旗掲揚塔

MAP p106 E6

東京オリンピックの開催に合わせて、国立霞ヶ丘陸上競技場の周辺をはじめ多くの町内会が、「日の丸」の旗を掲げるための掲揚塔を建てた。左の写真は、渋谷区千駄ヶ谷出張所脇にある国旗掲揚塔で、プレートには、これを建てた「大通り町会」の名と「昭和39年8月吉日」の日付が刻まれている。右の写真は、JR代々木駅前の交番裏にあるもので、プレートには「代々木1丁目町会」「昭和39年10月吉日」の文字があり、千駄ヶ谷出張所脇のものより少しあとに建てられたことがわかる。オリンピック開催期間中は、どちらにも「日の丸」が掲げられオリンピックムードを盛り上げたことであろうが、現在では使われることもなくなり錆びがめだっている。

JR山手線・中央線代々木駅徒歩1分

JR山手線・中央線代々木駅徒歩5分
問渋谷区千駄ヶ谷出張所（03-3402-7377）

2 東京オリンピック記念樹木見本園（代々木公園）

渋谷区代々木神園町

MAP p108 E1

原宿門から代々木公園にはいってすぐ右の奥に、この「樹木見本園」がある。東京オリンピックに参加した各国選手団が、自国の代表的な樹木の種を東京に持ち寄った。その数22カ国24種類。それらは各地の林業試験場に送られ育てられることとなった。１９６７年、かつて選手たちが寄宿した選手村の跡地が代々木公園として開園される際、苗木に成長した樹木は、東京オリンピックの記念としてここに植えられたのである。50年あまりを経た現在では、イタリアからのニセアカシア、パキスタンからのトキワセンダン、アフガニスタンからのヒマラヤゴヨウなど14種類になってしまったが、それらの多くは立派な樹木に成長し、今も大切に育てられている。

JR山手線原宿駅徒歩5分
問代々木公園サービスセンター（03-3469-6081）

3 嘉納治五郎とクーベルタンのオリンピック記念碑

渋谷区千駄ヶ谷1

MAP p108 F1

明治公園橋をくぐった先、現在工事中の陸上競技場に向かって右側に嘉納治五郎、左側にクーベルタン男爵の記念碑がある。講道館柔道を創始した嘉納は、日本人として初のＩＯＣ委員となり、「幻の東京オリンピック」となった１９４０（昭和15）年オリンピックの東京招致に力をつくした。クーベルタンは、１８９４年に近代オリンピックの開催を提唱し、翌々年ギリシアで最初のオリンピックが開かれたことから「近代オリンピックの父」と呼ばれるようになった。どちらも、第18回東京オリンピック開催を記念するとともに、１９６４年がＩＯＣ創立70周年にあたることを記念して立てられたもの。現在は新国立陸上競技場建設工事のため、みることはできない。

嘉納治五郎の記念碑

クーベルタンのオリンピック記念碑
JR中央線千駄ヶ谷駅徒歩5分

4 五輪橋と千駄ヶ谷駅の「オリンピックホーム」

MAP p108 E2、p106 F6

代々木公園を出てすぐ、JR山手線をまたいで架かる橋が「五輪橋」である。現在の代々木公園の場所に設けられた選手村からメイン競技場である神宮外苑の国立霞ヶ丘陸上競技場に、ここより北にある神宮橋を迂回《うかい》せずにいけるよう道路整備がおこなわれ、その時に架橋されたことからこの名称がつけられた。架けられた当時には特徴のない普通の橋であったが、1990年代初めの景観整備により、現在の姿になった。親柱の上に飾られた地球儀には「世界は一つ」というメッセージが込められているという。また欄干壁面には、体操やマラソン・柔道などのオリンピック競技がレリーフで施され、東京オリンピックを記念するものとなっている。

また、JR千駄ヶ谷駅の秋葉原方面からくると左側に、現在使用されていないプラットホームがある。これは、千駄ヶ谷駅が国立競技場の最寄り駅であるため、東京オリンピック開催時には多くの観客がやってくることを見込んでつくられた臨時のもので、「オリンピックホーム」と呼ばれている。このホーム専用の改札口もあるが、現在はみることができない。

五輪橋
渋谷区神宮前6～神南2
JR山手線原宿駅徒歩5分

千駄ヶ谷駅の「オリンピックホーム」
JR総武線千駄ヶ谷駅

5 代々木公園選手村宿舎

渋谷区代々木神園町2-1

MAP p108 E1

代々木公園の原宿門からはいり、少しいって右に折れた奥に、この宿舎が残されている。代々木公園は、かつて「ワシントンハイツ」と呼ばれるアメリカ占領軍将校の家族住宅地区の一部であった。ここに東京オリンピックの選手村本村がつくられることになり、1964（昭和39）年、日本に返還されたのち、そこにあった木造住宅や4階建て鉄筋アパートがほぼそのまま転用されて各国代表選手の宿舎となった。この瀟洒な住宅は、オランダ選手団の宿舎として使用されたもので、ワシントンハイツ内の住宅としてはもっとも小さいものであったという。現在では、この一戸のみが東京オリンピックを記念して保存されている。

JR山手線原宿駅徒歩10分
問代々木公園サービスセンター（03-3469-6081）

6 選手村記念碑（織田フィールドそば）

渋谷区神南2

MAP p108 E2

代々木公園の向かい側「織田フィールド」と呼ばれる代々木公園陸上競技場は、選手村に寄宿する選手たちの練習用トラックとして使用されたものである。そのトラックの傍ら、歩道からはいってすぐのところに「選手村記念碑」がある。あっさりとしたデザインの碑であるが、上面の銅板には、選手村の配置図が刻まれていて、当時の様子を知ることができる。

JR山手線原宿駅徒歩10分
問代々木公園サービスセンター
（03-3469-6081）

7 外苑ハウス

渋谷区神宮前2-2-39 MAP p108 F1

國學院高等学校に隣接して建つ7階建てのマンションは、大規模なリフォームを経て現在の姿になっているが、建造年月は1964年8月。もとは、東京オリンピックを取材するために来日した外国報道陣のための宿舎として、日本住宅公団が建てた「外苑団地」である。オリンピック終了後、「外苑ハウス」という名の分譲住宅として販売され現在にいたっている。よく整備された広い中庭に当時の面影がわずかながら残されている。

東京メトロ外苑前駅徒歩7分

8 国立代々木屋内総合競技場第一体育館・第二体育館

渋谷区神南2-1-1 MAP p108 E2

JR原宿駅近く、かつてのワシントンハイツ内に建てられた2つの美しい建物が代々木屋内総合競技場である。競泳の会場となったのは、半円をずらして向かい合わせたような屋根をもつ第一体育館。この特異な屋根は、2本の主柱を結ぶ2本のワイヤーケーブルが屋根全体を吊るという、当時としては前例のない吊り屋根式の構造をもっている。隣接する巻き貝のような屋根の第二体育館（東京オリンピックではバスケットボール会場となった）も同様の構造で、設計者はともに世界的な建築家丹下健三である。完成したのは大会の39日前、工期はわずか18カ月という短さであったという。第一体育館は、現在は年間をとおして床が張られスケートリンクなどとして利用されている。

代々木第一体育館

代々木第二体育館

JR山手線原宿駅徒歩5分

問 国立代々木競技場代々木事業課（03-3468-1171）

9 日本武道館

千代田区北の丸公園2-3

MAP p103 A5

日本武道館は、1961（昭和36）年、東京オリンピックで柔道がはじめて正式種目となることが決定されたのを受け、「世界に誇る武道の大殿堂を東京の中央に建設して、斯道の発展普及をはかりたい」（柔道連盟会長・衆議院議員正力松太郎）という構想のもとに建設された。竣工は、1964（昭和39）年9月。八角形のデザインは法隆寺の夢殿を、大屋根は富士山の稜線をイメージしたものという。東京オリンピックの柔道競技では、男子の4階級が実施された。日本の代表選手は3階級で優勝したが、最後の無差別級決勝で神永昭夫選手がオランダのアントン・ヘーシンク選手に敗れ全階級制覇は達成できなかった。

柔道無差別級決勝戦（朝日新聞社提供）

🚉都営地下鉄九段下駅徒歩3分
問日本武道館（03-3216-5100）

11 マラソン折返し地点

調布市西町376-3

MAP p110 D4

京王線飛田給《とびたきゅう》駅からスタジアム通りを直進し、甲州街道（国道20号線）との交差点を右折してすぐの味の素スタジアム前、街道に沿ってこの標識と記念碑が立っている。記念碑が立てられたのは1965（昭和40）年。東京オリンピックのマラソン競技は、甲州街道がコースの一部として使われ、この場所が折返し地点となった。

マラソン折返し地点のアベベ選手（朝日新聞社提供）

🚉京王線飛田給駅徒歩7分
問調布市教育部郷土博物館（042-481-7656）

10 駒沢オリンピック公園総合運動場と記念塔

世田谷区駒沢公園1-1

MAP p109 B6

駒沢オリンピック公園は、東京オリンピックの第二会場としてバレーボール、サッカー、レスリングなどが実施された。記念塔は、芦原義信（東京芸術劇場の設計者）の設計により公園の中央広場北側につくられたもので高さは約50m。オリンピック開催当時は、この塔の最上階にある回廊から交通を管制し、公園の電気や水を管理する役割も担った。オリンピックで使用された公園内の競技施設は多くがリニューアルされたが、記念塔は当時のまま残されている。女子バレーボール決勝が戦われた屋内競技場は、老朽化のため解体されたが、レスリング会場だった体育館から少し降りたところには東京オリンピックメモリアルギャラリーが設けられていて、その熱戦を伝えるパネルが展示されている。また、ここでは日本選手団のユニフォームや金銀銅のメダル、当時のポスターなど東京オリンピックにかかわるさまざまな資料が公開され、実際に使われた聖火のトーチにも手でふれることができる。

🚉東急田園都市線駒沢大学駅徒歩15分
問駒沢オリンピック公園管理所（03-3421-6431）

東京オリンピック
メモリアルギャラリー

アベベ・ビキラ選手は、このあたりから独走態勢にはいり、2時間12分11秒2という当時の世界最高記録で優勝。前回のローマ大会につづき、オリンピックマラソン史上初の2連覇を達成した。日本の円谷幸吉《つぶらやこうきち》選手は、ゴール直前でイギリスのヒートリー選手に抜かれたものの、第3位となって銅メダルを獲得した。

12 50km競歩折返し地点と自転車競技の記念碑

MAP p111 D4、p111 A4

京王線府中駅から6分ほど、「小金井街道入口」交差点から甲州街道を調布方面に進むと、すぐ左手に競歩の選手をレリーフした50km競歩の折返し地点の記念碑と標識がある。50km競歩では、4回目のオリンピック出場となるイタリアのアブドン・パミッチ選手が、前回ローマ大会の銀メダルを上回る金メダルを獲得した。

自転車競技は、八王子の多摩御陵近くにある陵南公園に仮設された競技場をメイン会場としてトラック競技が、甲州街道や高尾街道をコースの一部としてロードレースなどが実施された。旧陵南会館跡地駐車場の中央近くにある植え込みには、自転車競技の開催に協力した7000人を超える市民の氏名を記した名簿を、タイムカプセルとして埋めた上に記念碑が立てられている。

自転車競技記念碑
八王子市東浅川町120
🚉 JR中央線高尾駅からバス「御陵前」徒歩1分
問 八王子市教育委員会生涯学習スポーツ部生涯学習政策課（042-620-7333）

50km競歩折返し地点碑
府中市緑町1-41-1
🚉 京王線飛田給駅徒歩7分
問 調布市教育部郷土博物館（042-481-7656）

コラム アベベ選手のマラソン優勝記録を計ったクオーツ時計

〔セイコーミュージアム〕

墨堤《ぼくてい》通りに面して建つセイコーミュージアムの1階、「スポーツ計時」室に「クリスタルクロノメーター（QC-951）」と呼ばれる時計が展示されている。これは東京オリンピック開催に向け、施設に恒久的に設置するものでなく、大会中だけ使用する持ち運び可能な水晶式時計ということで、諏訪精工舎（現在のエプソン）が開発した世界初のAC電源不要、精度日差0.2秒という携帯型水晶時計である。東京オリンピックでは、陸上の長距離レースなどの出発合図時計やストップウオッチ遠隔操作装置などを駆動させる親時計として使用された。アベベ選手のマラソン優勝タイム2時間12分11秒2もこの時計で計測されたのである。

墨田区東向島3-9-7
🚉 東武スカイツリーライン東向島駅徒歩8分
問 03-3610-6248

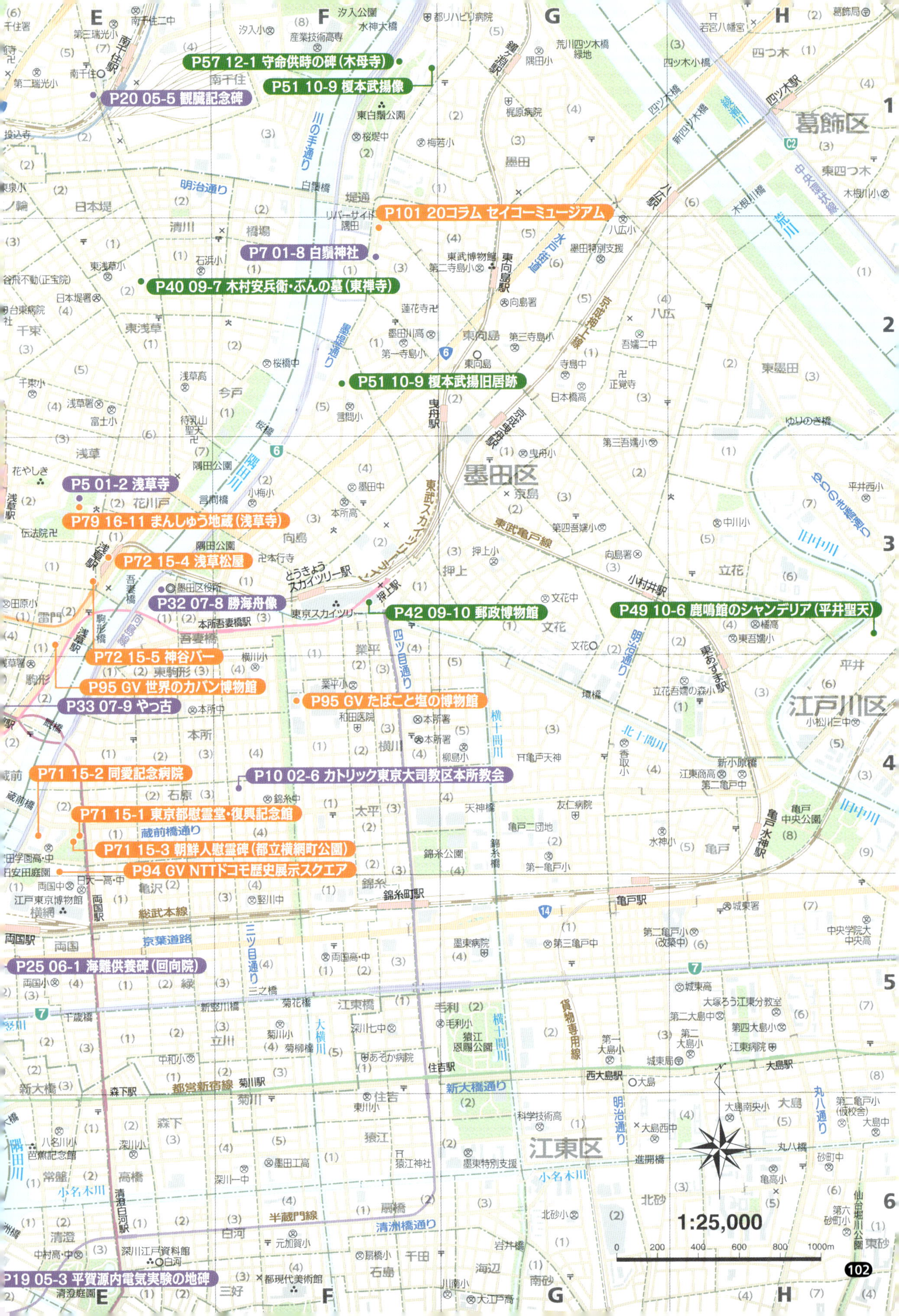
P57 12-1 守命供時の碑（木母寺）
P51 10-9 榎本武揚像
P20 05-5 観臓記念碑
P101 20コラム セイコーミュージアム
P7 01-8 白鬚神社
P40 09-7 木村安兵衛・ぶんの墓（東禅寺）
P51 10-9 榎本武揚旧居跡
P5 01-2 浅草寺
P79 16-11 まんじゅう地蔵（浅草寺）
P72 15-4 浅草松屋
P32 07-8 勝海舟像
P42 09-10 郵政博物館
P49 10-6 鹿鳴館のシャンデリア（平井聖天）
P72 15-5 神谷バー
P95 GV 世界のカバン博物館
P33 07-9 やっ古
P95 GV たばこと塩の博物館
P71 15-2 同愛記念病院
P10 02-6 カトリック東京大司教区本所教会
P71 15-1 東京都慰霊堂・復興記念館
P71 15-3 朝鮮人慰霊碑（都立横網町公園）
P94 GV NTTドコモ歴史展示スクエア
P25 06-1 海難供養碑（回向院）
P19 05-3 平賀源内電気実験の地碑
葛飾区
墨田区
江戸川区
江東区
東京スカイツリー
とうきょうスカイツリー駅
押上駅
曳舟駅
東向島駅
八広駅
四ツ木駅
亀戸駅
錦糸町駅
両国駅
浅草駅
南千住駅
鐘ヶ淵駅
小村井駅
東あずま駅
亀戸水神駅
住吉駅
菊川駅
森下駅
西大島駅
大島駅
清澄白河駅
隅田川
荒川
旧中川
北十間川
横十間川
大横川
小名木川
竪川
明治通り
水戸街道
四ツ目通り
三ツ目通り
蔵前橋通り
京葉道路
新大橋通り
清洲橋通り
墨堤通り
総武本線
東武亀戸線
東武スカイツリーライン
京成押上線
京成曳舟
都営新宿線
半蔵門線
貨物専用線
中央環状線
1:25,000
0 200 400 600 800 1000m

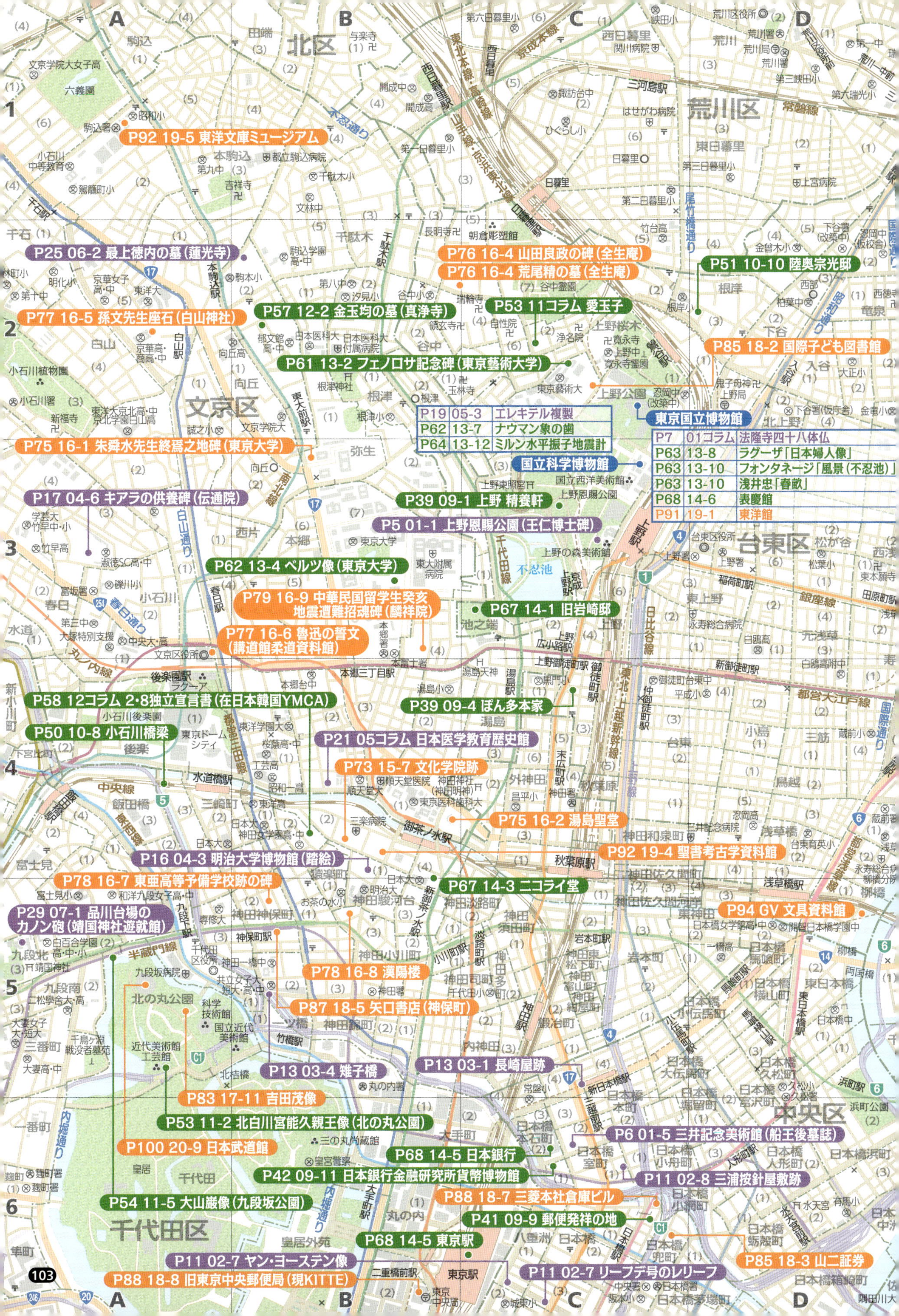
北区
荒川区
文京区
台東区
千代田区
中央区
P92 19-5 東洋文庫ミュージアム
P25 06-2 最上徳内の墓（蓮光寺）
P76 16-4 山田良政の碑（全生庵）
P76 16-4 荒尾精の墓（全生庵）
P51 10-10 陸奥宗光邸
P77 16-5 孫文先生座石（白山神社）
P57 12-2 金玉均の墓（真浄寺）
P53 11コラム 愛玉子
P85 18-2 国際子ども図書館
P61 13-2 フェノロサ記念碑（東京藝術大学）
P19 05-3 エレキテル複製
P62 13-7 ナウマン象の歯
P64 13-12 ミルン水平振子地震計
東京国立博物館
P7 01コラム 法隆寺四十八体仏
P63 13-8 ラグーザ「日本婦人像」
P63 13-10 フォンタネージ「風景（不忍池）」
P63 13-10 浅井忠「春畝」
P68 14-6 表慶館
P91 19-1 東洋館
国立科学博物館
P75 16-1 朱舜水先生終焉之地碑（東京大学）
P17 04-6 キアラの供養碑（伝通院）
P39 09-1 上野 精養軒
P5 01-1 上野恩賜公園（王仁博士碑）
P62 13-4 ベルツ像（東京大学）
P79 16-9 中華民国留学生癸亥地震遭難招魂碑（麟祥院）
P67 14-1 旧岩崎邸
P77 16-6 魯迅の誓文（講道館柔道資料館）
P58 12コラム 2・8独立宣言書（在日本韓国YMCA）
P39 09-4 ぽん多本家
P50 10-8 小石川橋梁
P21 05コラム 日本医学教育歴史館
P73 15-7 文化学院跡
P75 16-2 湯島聖堂
P92 19-4 聖書考古学資料館
P16 04-3 明治大学博物館（踏絵）
P78 16-7 東亜高等予備学校跡の碑
P67 14-3 ニコライ堂
P29 07-1 品川台場のカノン砲（靖国神社遊就館）
P94 GV 文具資料館
P78 16-8 漢陽楼
P87 18-5 矢口書店（神保町）
P13 03-4 雉子橋
P13 03-1 長崎屋跡
P83 17-11 吉田茂像
P53 11-2 北白川宮能久親王像（北の丸公園）
P6 01-5 三井記念美術館（船王後墓誌）
P100 20-9 日本武道館
P68 14-5 日本銀行
P42 09-11 日本銀行金融研究所貨幣博物館
P11 02-8 三浦按針屋敷跡
P88 18-7 三菱本社倉庫ビル
P54 11-5 大山巌像（九段坂公園）
P41 09-9 郵便発祥の地
P68 14-5 東京駅
P85 18-3 山二証券
P11 02-7 ヤン・ヨーステン像
P11 02-7 リーフデ号のレリーフ
P88 18-8 旧東京中央郵便局（現KITTE）

E
F
G
H
1
2
3
4
5
6
P27 06-6 間宮林蔵の墓
P88 18-8 東京深川モダン館
P69 14-8 日清戦争の灯明台
P26 06-4 伊能忠敬像(富岡八幡宮)
清澄庭園
海辺橋
三好
深川六中
深川四中
大江戸高
城東署
砂町
北砂
丸八通り
仙台堀川公園
東砂
平野
深川
仙台堀川
明治小
深川二中
大和橋
葛西橋通り
千石
豊砂橋
南砂
明治通り
砂町小
第二砂町小
福住
冬木
木場公園
木場
大横川
江東特別支援
江東区役所
第四砂町小
南砂中
東高
第三砂町小
深川不動堂
数矢小
門前仲町
富岡八幡宮
富岡
門前仲町駅
深川署
東陽
深川高
東陽小
四ツ目通り
深川局
南砂小
NTTコミュニケーションズ
南砂
永代通り
東西線
木場駅
東陽町駅
第三砂町中
第二砂町中
第五砂町小
南砂町駅
牡丹
汐見橋
古石場川
平久小
平久川
南陽小
東陽中
九重橋
古石場
深川三中
越中島小
海洋大
越中島
順天堂高齢者医療センター
スナモ
雲雀橋
汐浜橋
汐浜運河
南開橋
深川八中
新砂橋
東京湾マリーナ
砂町水再生センター
第三商高
白妙橋
浜園橋
豊洲橋
塩浜
三ツ目通り
貨物専用線
明治通り
芝浦工業大豊洲キャンパス
浜崎橋
汐枝橋
汐見運河
潮見駅
江東区
新砂
白鷺橋
豊洲北小
蛤橋
枝川小
枝川
東雲北運河
曙北運河
砂町水再生センター
新砂運動場
晴海通り
朝凪橋
豊洲運河
潮見教会
潮見
砂潮橋
潮見運動公園
えこつくる
七枝橋
漣橋
夢の島大橋
砂町運河
夢の島マリーナ
(再開発中)
豊洲
豊洲小
深川五中
夢の島総合運動場
第五福竜丸
夢の島熱帯植物館
豊洲公園
がすの科学館
豊洲西小
辰巳橋
辰巳の森海浜公園
京葉線
曙運河
夢の島
夢の島公園
東雲運河
辰巳運河
第二辰巳小
辰巳
湾岸線
東雲
辰巳小
辰巳中
辰巳駅
辰巳の森緑道公園
有楽町線
曙橋
新木場駅
有明教育芸術短大
東京有明医療大
東雲小
新辰巳橋
りんかい線
新曙橋
千石橋
14号地第一貯木場
かえつ有明高・中
有明中・小
新末広橋
辰巳ふ頭
東雲駅
東京木材市場
新木場
東京ヘリポート
湾岸道路
有明
東京臨海広域防災公園
癌研有明病院
14号地第二貯木場
南千石橋
東京国際展示場(ビッグサイト)
若洲橋
砂町南運河
12号地貯木場
国際展示場正門
若洲
若洲ゴルフリンクス
鉄鋼ふ頭
木材ふ頭
東京港
1:25,000
0
200
400
600
800
1000m

P58 12-4 安重根の弾丸（衆議院憲政記念館）
P81 17-2 対日理事会議場（明治生命館）
P22 GV アイヌ文化交流センター
P81 17-1 連合国軍最高司令官総司令部（旧第一生命館）
P69 14-8 日本水準原点標庫
P87 18-6 京橋の親柱
P51 10-10 陸奥宗光像（外務省）
P64 13-13 ウォートルス 銀座の煉瓦碑
P23 GV 琉球伝統工芸館
P43 09-12 銀座ガス灯通り
P36 08-6 立教学院発祥の地碑
P36 08-7 女子学院発祥の地碑
P37 08-11 トイスラー記念館
P37 08-12 聖路加国際病院
聖路加大学
P49 10-6 鹿鳴館跡
P40 09-5 チョウシ屋
P39 09-3 煉瓦亭
P36 08-9 雙葉学園発祥の地碑
P89 18-9 静岡新聞・放送東京支社
P82 17-7 PX跡、P85 18-2 和光ビル
P36 08-8 暁星学園発祥の地碑
P36 08-5 築地教会
P89 18-10 霞が関ビルディング
P40 09-6 銀座 木村屋
P36 08-4 アメリカ公使館跡
P39 09-2 今朝
P35 08-3 築地ホテル館跡
P89 18-9 中銀カプセルタワー
P33 07-10 赤羽接遇所跡
P37 08-10 フォールズ住居跡
P35 08-1、P41 09-8 旧新橋停車場
P54 11-7 勝鬨の渡し
P35 08-2 運上所跡
P64 13-11 モレル 新橋の0哩標識
P35 08-2 電信創業之地碑
P30 07-2 ペリー像
P20 05-4 蘭学事始の地碑・慶應義塾発祥の地碑
P21 05-6 シーボルト像
P35 08-3 築地ホテル館模型（タイムドーム明石）
P43 09-13 瓦斯事業創業記念碑
P31 07-5 オランダ公使館跡（西応寺）
P27 06-5 伊能忠敬測地遺功表（芝公園）
P32 07-7 万延元年遣米使節記念碑
P69 14-7 慶應義塾図書館
P29 07-1 第三台場
P26 06コラム 海洋情報資料館
千代田区
港区
中央区
品川区
A
B
C
D
1
2
3
4
5
6
有楽町線
日比谷線
千代田線
丸ノ内線
都営大江戸線
東海道新幹線
東海道本線
横須賀線
ゆりかもめ
りんかい線
東京モノレール
台場線
晴海通り
日比谷通り
桜田通り
海岸通り
隅田川
浜離宮庭園
日比谷公園
芝公園
皇居外苑
新橋駅
有楽町駅
銀座駅
東銀座駅
築地駅
浜松町駅
田町駅
大門駅
勝どき駅
月島
佃
晴海
豊海町
芝浦
港南
台場
青海
豊洲新市場（建設中）
東京テレポート駅
中央卸売市場
晴海ふ頭公園
台場公園
お台場海浜公園
有明テニスの森公園

P89 18-10 池袋サンシャイン60
P83 17-10 巣鴨プリズン跡（東池袋中央公園）
P91 19-2 古代オリエント博物館
P73 15-6 自由学園明日館
P33 07-9 ジョン万次郎の墓
P69 14-7 講談社ビル
P54 11-4 桂太郎像と拓殖大学A館
P82 17-5 和敬塾（旧細川護立侯爵邸）
P16 04-4 切支丹屋敷跡
P9 02-3 東京カテドラル聖マリア大聖堂（ザビエル像）
P47 10-1 旧岩倉具視屋敷跡（玄国寺）
P50 10-7 大隈重信像（早稲田大学）
P10 02-5 印刷博物館
P93 19-7 東京媽祖廟
P31 07-6 アーネスト・サトウ縁の地碑
P9 02-1 皆中稲荷神社（鉄砲組百人隊伝陣行列）
P23 GV 沖縄文化研究所
P87 18-4 旧小笠原伯爵邸
P83 17-9 パール博士顕彰碑（靖国神社）
P44 GV 新宿中村屋
P82 17-8 極東国際軍事裁判法廷（防衛省）
P17 04-7 キリシタン灯籠（太宗寺）
P9 02-3 上智大学市ヶ谷キャンパス（ザビエル像）
P97 20-1 国旗掲揚塔（代々木駅前交番裏）
P97 20-1 国旗掲揚塔（渋谷区千駄ヶ谷出張所脇）
P9 02-2 上智大学（イグナティウス・ロヨラ像、クルトゥルハイム聖堂）
P98 20-4 千駄ヶ谷駅オリンピックホーム
P68 14-6 迎賓館（旧赤坂離宮）
P59 12-6 旧李王家邸（東京ガーデンテラス内）
豊島区
文京区
新宿区
千代田区
渋谷区
港区
池袋駅
目白駅
高田馬場駅
新大久保駅
新宿駅
代々木駅
千駄ヶ谷駅
四ツ谷駅
市ケ谷駅
大塚駅
巣鴨駅
E
F
G
H
1
2
3
4
5
6

A
B
C
D
1
2
3
4
5
6
練馬区
中野区
杉並区
中村北
練馬区役所
練馬局
中村
南蔵院
中村小
中村中
中村南
豊玉小
豊玉中
豊玉北
豊玉南
豊玉南小
豊玉二中
豊玉東小
豊玉上
唐澤博物館
武蔵高・中
旭丘
さくら小
明豊中
千早高
千早小
西部
千早
熊谷守一美術館
新江古田駅
都営大江戸線
西武池袋線
東長崎駅
長崎
長崎小
江古田の森公園
江原町
江原小
徳田教会
総合東京病院
江古田
中野江古田病院
武蔵野療園病院
国際短大
歴史民俗資料館
江古田小
第七中
東橋
江古田川
落合六小
椎名町小
南長崎
富士見台
中野北局
緑野小
丸山
緑野中
野方署
鷺宮
新青梅街道
都立家政駅
北原小
鷺宮高
若宮
野方駅
西武新宿線
沼袋
禅定院
沼袋駅
妙正寺川
中野通り
P76 16-3 哲学堂公園 六賢台
哲学堂公園
松が丘
西落合
西村橋
三井墓地
落合二中
落合三小
落合第二
落合一
新目白通り
目白研心高・中
目白大・短大
中井
中井駅
中落合
林芙美子記念館
第四中
中野工高
平和の森公園
新井小
上高田小
東亜学園高
新井薬師前駅
第五中
落合五小
中井富士見橋
上落合
大和小
八幡神社
大和町
啓明小
野方
平和の森小
新井
新井薬師（梅照院）
上高田
功運寺
落合二小
中央
中央環状線
のがたクリニック
早稲田通り
P19 05-1 新井白石の墓（高徳寺）
白桜小
大妻中野高・中
保善寺
落合駅
落合局
馬橋公園
野方署
中野中
東京警察病院
中野区役所
桃園二小
明大中野高・中
東中野駅
第三中
橋爪医院
杉並四小
高円寺中
高円寺北
中野駅
東西線
東中野
高円寺駅
中央線
長仙寺
高円寺
中野
淀橋四小
円照寺
中野局
堀越高（仮校舎）
氷川神社
高円寺南
中野総合病院
谷戸小
杉並八小
光塩女子学院高
桃花小
堀越高（改築中）
実践学園高・中
宝仙学園高・中
塔山小
柏木小
杉並三小
中央
こども教育宝仙大
宝仙寺
山手トンネル
第十中
神田川
柏木
東高円寺駅
中野署（仮庁舎）
中野署
中野署（改築中）
新高円寺駅
青梅街道
新中野駅
中野坂上駅
丸ノ内線
西新
五日市街道
大法寺
梅里
蚕糸の森公園
杉並十小
新渡戸文化短大・高・中・小
桃園小
本町
真盛寺
高南中
P13 03-3 象小屋の跡
成願寺
環七通り
中野本郷小
丸ノ内線
東京工芸大
山手通り
淀橋
松ノ木
女子美術大
花見橋
東京医大病院
堀之内小
妙法寺
和田
第二中
向台小
中野新橋駅
西新宿五丁目駅
都営大江戸線
熊野神社
都庁前
新宿中央公園
立正短大・高・中
堀ノ内
和田中
和田小
救世軍ブース病院
中野富士見町駅
佼成病院
立正佼成会
富士高・中
弥生町
新宿養護
区郷土博物館
荒玉水道道路
大宮中
佼成学園高・中
和田堀橋
善福寺川
中野神明小
方南通り
本町
関東国際高
西新宿小
角筈
済美小
南中野
東京大附中等教育
渋谷本町学園
中野通り
泉南中
大宮
大宮小
方南町駅
栄橋
多田小
中野特別支援
南台
甲州街道
1:25,000
0
200
400
600
800
1000m
南中野中
新山小
帝京短大
本町
初台駅
刀剣博物館
中幡小
幡ヶ谷
代々木署
初台
和泉
神田川
方南小
方南
笹塚

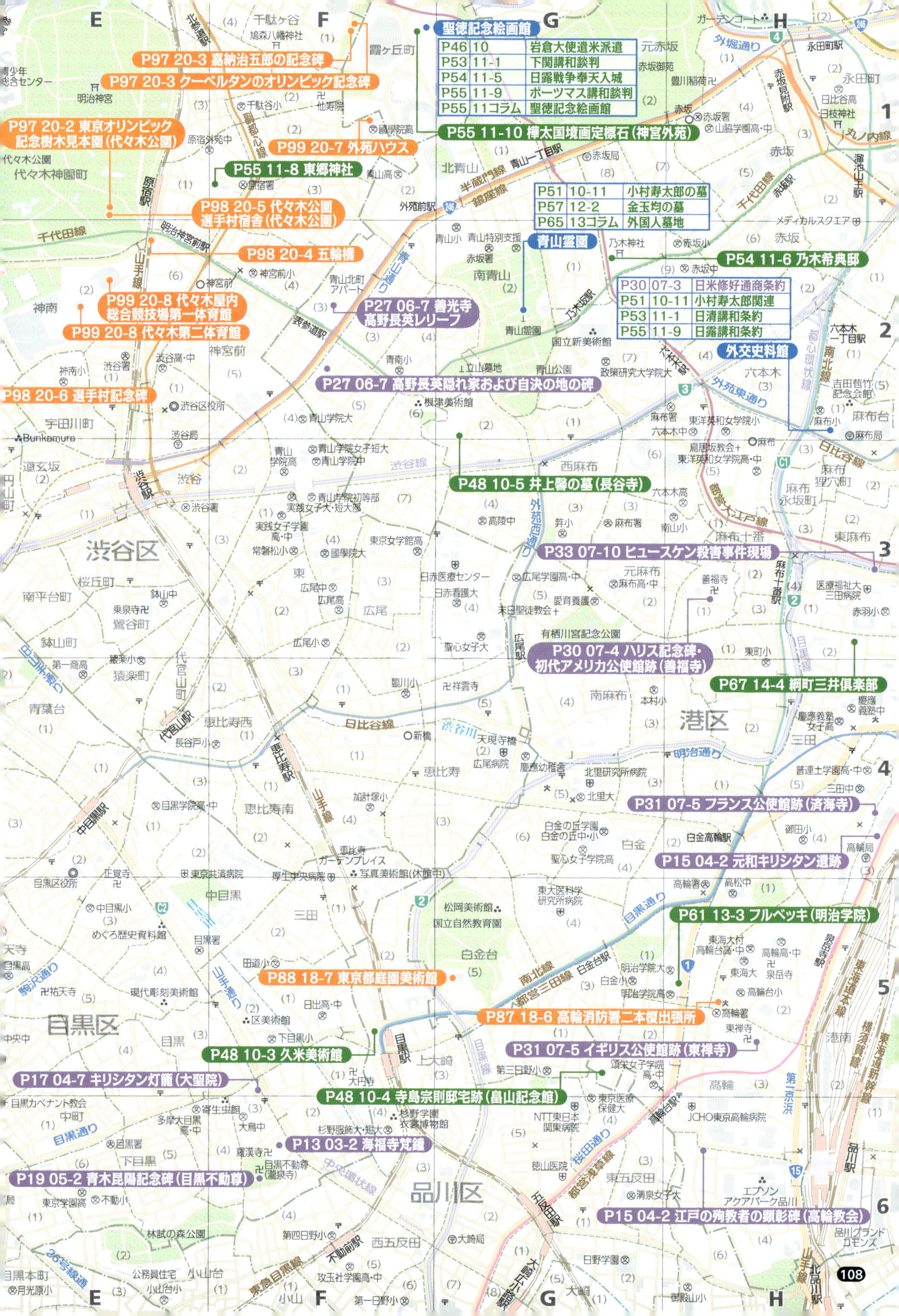

聖徳記念絵画館
P46 10 岩倉大使遣米派遣
P53 11-1 下関講和談判
P54 11-5 日露戦争奉天入城
P55 11-9 ポーツマス講和談判
P55 11コラム 聖徳記念絵画館
P55 11-10 樺太国境画定標石（神宮外苑）
P97 20-3 嘉納治五郎の記念碑
P97 20-3 クーベルタンのオリンピック記念碑
P97 20-2 東京オリンピック記念樹木見本園（代々木公園）
P99 20-7 外苑ハウス
P55 11-8 東郷神社
P98 20-5 代々木公園選手村宿舎（代々木公園）
P98 20-4 五輪橋
P99 20-8 代々木屋内総合競技場第一体育館
P99 20-8 代々木第二体育館
P98 20-6 選手村記念碑
P51 10-11 小村寿太郎の墓
P57 12-2 金玉均の墓
P65 13コラム 外国人墓地
青山霊園
P54 11-6 乃木希典邸
P30 07-3 日米修好通商条約
P51 10-11 小村寿太郎関連
P53 11-1 日清講和条約
P55 11-9 日露講和条約
外交史料館
P27 06-7 善光寺 高野長英レリーフ
P27 06-7 高野長英隠れ家および自決の地の碑
P48 10-5 井上馨の墓（長谷寺）
P33 07-10 ヒュースケン殺害事件現場
P30 07-4 ハリス記念碑・初代アメリカ公使館跡（善福寺）
P67 14-4 綱町三井倶楽部
P31 07-5 フランス公使館跡（済海寺）
P15 04-2 元和キリシタン遺跡
P61 13-3 フルベッキ（明治学院）
P88 18-7 東京都庭園美術館
P87 18-6 高輪消防署二本榎出張所
P31 07-5 イギリス公使館跡（東禅寺）
P48 10-3 久米美術館
P17 04-7 キリシタン灯籠（大聖院）
P48 10-4 寺島宗則邸宅跡（畠山記念館）
P13 03-2 海福寺梵鐘
P19 05-2 青木昆陽記念碑（目黒不動尊）
P15 04-2 江戸の殉教者の顕彰碑（高輪教会）
渋谷区
港区
目黒区
品川区
渋谷駅
原宿駅
恵比寿駅
目黒駅
五反田駅
品川駅
広尾駅
六本木駅
乃木坂駅
赤坂駅
白金台駅
白金高輪駅

杉並区
世田谷区
P23 GV「沖縄タウン」杉並区和泉明店街
P93 19-6 東京ジャーミイ
P81 17-4 旧前田家本邸
P62 13-5 ケルネル田圃
P50 10-8 青木周蔵が寄進した灯籠（松陰神社）
P100 20-10 駒沢オリンピック公園記念塔
P16 04-5 カトリック碑文谷教
1:25,000
0 200 400 600 800 1000m
A
B
C
D
1
2
3
4
5
6
和泉
方南
笹塚
幡ケ谷
本町
初台
代々木
永福
大原
大山町
西原
元代々木町
羽根木
北沢
上原
富ケ谷
松原
代沢
駒場
赤堤
梅丘
豪徳寺
宮坂
代田
三宿
池尻
大橋
太子堂
東山
若林
世田谷
三軒茶屋
弦巻
上馬
下馬
五本木
野沢
新町
駒沢
東が丘
鷹番
碑文谷
柿の木坂
八雲
深沢
桜新町
明大前駅
代田橋駅
笹塚駅
幡ケ谷駅
代々木上原駅
東北沢駅
東松原駅
新代田駅
下北沢駅
池ノ上駅
駒場東大前駅
世田谷代田駅
梅ヶ丘駅
豪徳寺駅
池尻大橋駅
三軒茶屋駅
西太子堂
若林
松陰神社前
世田谷
駒沢大学駅
桜新町駅
学芸大学駅
祐天寺駅
京王線
京王井の頭線
新宿線
小田急線
東急世田谷線
東急田園都市線
東急東横線
甲州街道
水道道路
井ノ頭通り
淡島通
環七通り
中野通り
山手通り
中央環状線
三宿通
世田谷通り
玉川通り
駒沢通り
自由通り
北沢川
神田川
羽根木公園
駒場公園
駒場野公園
世田谷公園
駒沢オリンピック公園
駒沢公園
碑文谷公園
東京大
駒場博物館
日本民藝館
古賀政男音楽博物館
東大研究センター
世田谷区役所
郷土資料館
向井潤吉アトリエ館
東京医療センター
自衛隊中央病院

E
F
G
H
1
2
3
4
5
6
さいたま市
浦和区
南区
桜区
志木市
蕨市
川口市
草加市
三郷市
八潮市
戸田市
朝霞市
和光市
板橋区
北区
練馬区
足立区
葛飾区
荒川区
豊島区
文京区
台東区
墨田区
中野区
杉並区
新宿区
東京都
千代田区
中央区
江東区
江戸川区
渋谷区
港区
目黒区
品川区
世田谷区
大田区
高津区
宮前区
中原区
幸区
川崎区
川崎市
港北区
鶴見区
神奈川区
横浜市
神奈川県
狛江市
調布市
東京湾
東京港
川崎港
東京国際空港
東京ディズニーリゾート
東京スカイツリー
東京タワー
東京国際展示場
東京ゲートブリッジ
葛西海浜公園
光が丘公園
秋ケ瀬公園
明治神宮
早稲田大
東京大
慶應大
埼玉大
川崎大師
総持寺
柴又帝釈天
風の塔
詳細図
東京外環自動車道
首都高速湾岸線
首都高速横羽線
東京湾アクアライン
産業道路
第三京浜道路
新大宮バイパス
草加バイパス
富士街道
山手通り
明治通り
環七通り
環八通り
中央本線
京王井の頭線
京王京王線
小田急小田原線
東急大井町線
横須賀線
京急空港線
京成本線
常磐線
つくばエクスプレス
東武スカイツリーライン
武蔵野線
西武池袋線
東武東上線
南武線
地下鉄東西線
P81 17-3 米陸軍技術情報センター（北区中央公園文化センター）
P25 06-3 近藤重蔵の石像（正受院）
P63 13-9 キヨッソーネ（お札と切手の博物館）
P51 10-10 陸奥宗光邸（旧古河庭園）
P67 14-2 旧古河庭園
P82 17-6 旧古河庭園洋館
旧古河庭園
P10 02-4 伊東マンショ像
P53 11-3 児玉源太郎像
P59 12-5 寺内正毅像
井の頭自然文化園
P72 15コラム 地下鉄博物館
P79 16-10 荏原郡満州開拓団殉難者慰霊碑（朗惺寺）
P29 07-1 品川灯台
P26 06コラム 海洋情報資料館
P57 12-3 伊藤博文の墓
P61 13-1 モース博士像（大森貝塚）
P16 04-5 カトリック碑文谷教会
P62 13-6 ワグネルの碑（東京工業大学）
P73 15-8 沢柳政太郎像（成城学園）

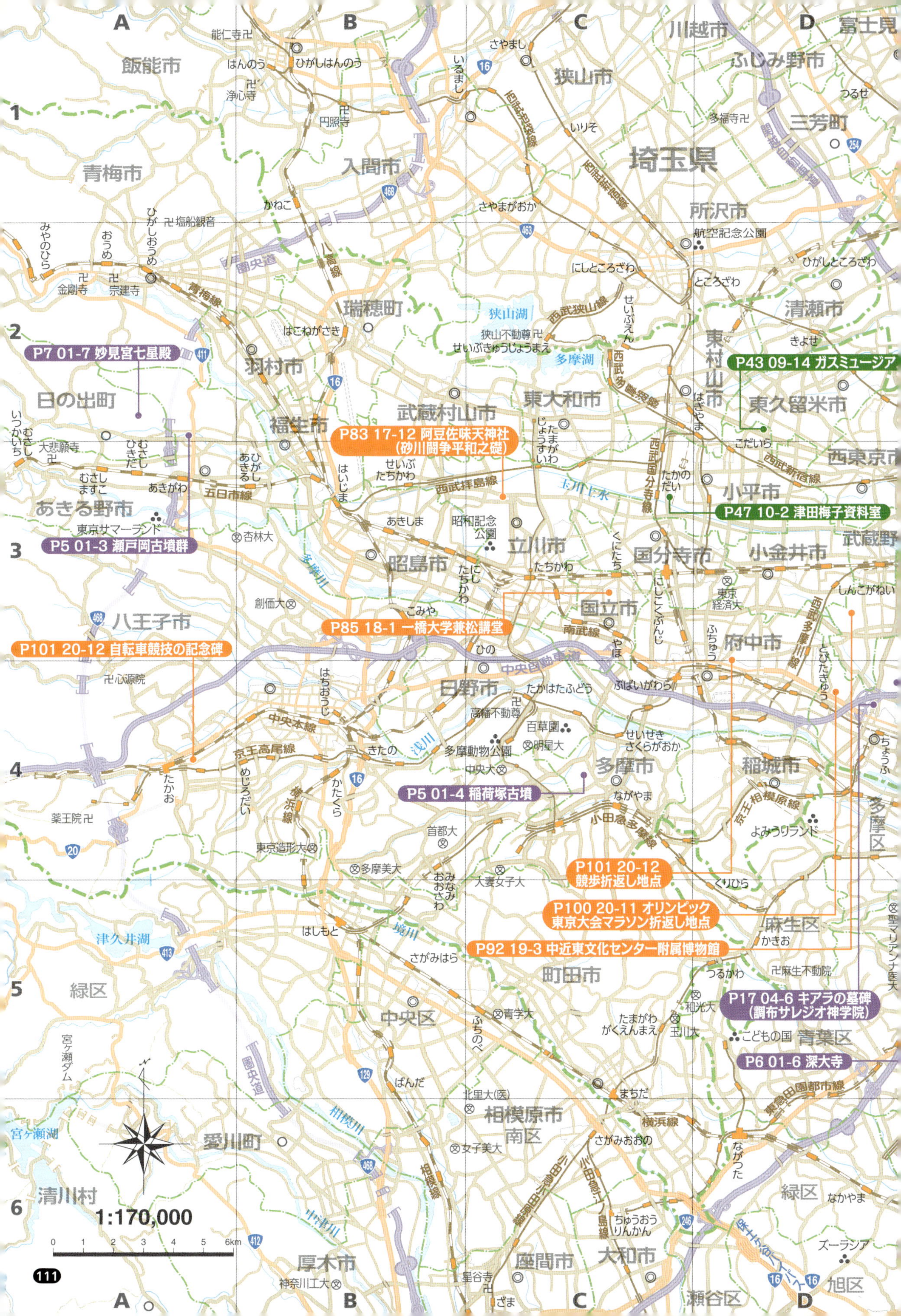
A
B
C
D
1
2
3
4
5
6
川越市
富士見
飯能市
能仁寺
はんのう
ひがしはんのう
浄心寺
円照寺
さやまし
いるまし
狭山市
ふじみ野市
西武池袋線
いりそ
多福寺
三芳町
つるせ
埼玉県
入間市
青梅市
かねこ
八高線
さやまがおか
西武新宿線
所沢市
関越自動車道
塩船観音
ひがしおうめ
おうめ
みやのひら
金剛寺
宗建寺
圏央道
青梅線
航空記念公園
にしところざわ
ところざわ
ひがしところざわ
瑞穂町
狭山湖
狭山不動尊
せいぶきゅうじょうまえ
西武狭山線
せいぶえん
はこねがさき
清瀬市
きよせ
東村山市
P7 01-7 妙見宮七星殿
P43 09-14 ガスミュージアム
羽村市
多摩湖
西武多摩湖線
日の出町
武蔵村山市
東大和市
はぎやま
東久留米市
福生市
P83 17-12 阿豆佐味天神社
（砂川闘争平和之碑）
じょうすいがわ
たまがわ
こだいら
西東京市
いつかいち
むさしいつかいち
大悲願寺
ひきだ
むさしひきだ
あきるの
ひがしあきる
せいぶたちかわ
はいじま
西武拝島線
玉川上水
たかのだい
小平市
むさしますこ
あきがわ
五日市線
西武国分寺線
あきる野市
東京サマーランド
杏林大
あきしま
昭和記念公園
立川市
P47 10-2 津田梅子資料室
P5 01-3 瀬戸岡古墳群
くにたち
国分寺市
小金井市
武蔵野
昭島市
たちかわ
にしたちかわ
東京経済大
しんこがねい
多摩川
創価大
こみや
国立市
にしこくぶんじ
八王子市
P85 18-1 一橋大学兼松講堂
南武線
ふちゅう
府中市
西武多摩川線
P101 20-12 自転車競技の記念碑
ひの
やほ
中央自動車道
とびたきゅう
心源院
はちおうじ
日野市
たかはたふどう
ぶばいがわら
高幡不動尊
百草園
中央本線
せいせき
さくらがおか
京王高尾線
きたの
浅川
多摩動物公園
明星大
ちょうふ
稲城市
中央大
多摩市
たかお
めじろだい
横浜線
かたくら
P5 01-4 稲荷塚古墳
ながやま
京王相模原線
多摩区
薬王院
小田急多摩線
首都大
東京造形大
よみうりランド
多摩美大
みなみおおさわ
大妻女子大
P101 20-12
競歩折返し地点
くりひら
P100 20-11 オリンピック
東京大会マラソン折返し地点
麻生区
聖マリアンナ医大
はしもと
境川
津久井湖
P92 19-3 中近東文化センター附属博物館
かきお
さがみはら
町田市
つるかわ
麻生不動院
緑区
和光大
P17 04-6 キアラの墓碑
（調布サレジオ神学院）
中央区
青学大
ふちのべ
たまがわがくえんまえ
玉川大
こどもの国
青葉区
宮ヶ瀬ダム
P6 01-6 深大寺
ばんだ
まちだ
東急田園都市線
北里大(医)
相模原市
南区
横浜線
宮ヶ瀬湖
愛川町
相模川
さがみおおの
小田急江ノ島線
ながつた
女子美大
小田急小田原線
相模線
緑区
なかやま
清川村
1:170,000
中津川
ちゅうおうりんかん
0 1 2 3 4 5 6km
保土ヶ谷バイパス
ズーラシア
厚木市
座間市
大和市
神奈川工大
星谷寺
ざま
瀬谷区
旭区

■編集・執筆者

仙田直人（都立三鷹中等教育学校校長）
竹内秀一（公益財団法人日本修学旅行協会理事長）

■執筆者

中家健（都立小石川中等教育学校主幹教諭）
中里裕司（聖徳大学兼任講師・桜美林大学非常勤講師）
太田尾智之（都立武蔵丘高校主任教諭）
海上尚美（都立浅草高校主任教諭）

■写真協力

アイヌ文化交流センター／朝日新聞社／一般財団法人黒船館／石黒信行／井の頭自然文化園彫刻館／茨城県つくばみらい市立間宮林蔵記念館／エース株式会社／江副隆愛／江戸幕府鉄炮組百人隊保存会／外交史料館／海上保安庁海洋情報部企画課／学習院大学史料館／鹿児島県歴史資料センター黎明館／カトリック高輪教会／カトリック東京大司教区本所教会／記念艦三笠／旧岩崎邸庭園サービスセンター／旧新橋停車場鉄道歴史展示室／久米美術館／慶應義塾広報室／慶應義塾図書館／迎賓館／神津島観光協会／神津島村役場産業観光課／講道館／神戸市立博物館(Photo:Kobe City Museum／DNPartcom)／国立印刷局　お札と切手の博物館／国立科学博物館／国立国会図書館／国立国会図書館　国際子ども図書館／古代オリエント博物館／在日本韓国YMCAアジア青少年センター資料室／自由学園明日館／衆議院憲政記念館／順天堂大学／聖徳記念絵画館／深大寺／セイコーミュージアム／聖書考古学資料館／たばこと塩の博物館／地下鉄博物館／中央区立郷土天文館タイムドーム明石／中近東文化センター／筑波大学附属学校教育局／津田塾大学津田梅子資料室／東京ガス　ガスミュージアム／東京カテドラル／東京経済大学図書館／東京国立近代美術館(Photo:MOMAT／DNPartcom)／東京国立博物館／東京国立博物館(Image:TNM Image Archives)／東京ジャーミイ／東京都江戸東京博物館(image:東京都歴史文化財団イメージアーカイブ)／東京都教育委員会／東京都スポーツ文化事業団／東京都庭園美術館／東郷神社／東北大学史料館／東洋文庫／独立行政法人日本スポーツ振興センター／富岡市立美術博物館／都立中央図書館特別文庫室／(株)中村屋／日本銀行／凸版印刷株式会社 印刷博物館／日本銀行金融研究所貨幣博物館／日本郵便(株)／日本文具資料館／平井聖天燈明寺／フォッサマグナミュージアム(糸魚川市博物館)／(株)フリーダムコーポレーション／文京区／防衛省／法政大学沖縄文化研究所／毎日新聞社／三井記念美術館／明治学院／明治大学博物館／明治安田生命保険相互会社／靖國神社遊就館／やっ古／山口県文書館／山口県萩市観光課／郵政博物館／ユニフォトプレス／横浜開港資料館／和敬塾／早稲田大学図書館／早稲田大学大学史資料センター／PPS通信社

地図の作成に当たっては、国土地理院長の承認を得て、同院発行の2万5千分1地形図　20万分1 地勢図及び基盤地図情報を使用した。

(承認番号　平28情使、第41-M069984号　平28情使、第43-M069984号)

東京グローバル散歩

身近なところから世界を感じる東京歩き

2016年7月20日　1版1刷　印刷
2016年7月30日　1版1刷　発行

編者　東京グローバル散歩編集委員会
発行者　野澤伸平
発行所　株式会社　山川出版社
〒101-0047　東京都千代田区内神田 1-13-13
電話　03-3293-8131(営業)　03-3293-8134(編集)
http://www.yamakawa.co.jp/
振替　00120-9-43993
印刷・製本所　図書印刷株式会社
装丁・本文組版　黒岩二三 [formalhaut]

Printed in Japan ISBN978-4-634-59085-4